어디서나 사랑받는 우리 아이 키우기

김시온이나 지음

도서출판 좋은땅

어디서나 사랑받는
우리 아이 키우기

초　판 1쇄 발행 2019년 9월 6일
증보판 2쇄 발행 2019년 10월 31일

지은이　　　김시온이나
펴낸이　　　이옥겸
콘텐츠사업팀　하다솜
디자인팀　　박혜옥, 조혜린, 김그리나
그림　　　　강민정

펴낸곳　　　도서출판 좋은피알
등록번호　　제2018-000029호
주 소　　　서울시 중구 수표로 45 을지비즈센터 709호
전 화　　　070.4616.4040~3
팩 스　　　0505.898.1010
이메일　　　master@soyapr.com
홈페이지　　www.soyapr.com

ISBN　　　979-11-968251-0-2
가 격　　　18,000원

이 도서의 국립중앙도서관 출판예정도서목록(CIP)은 서지정보유통지원시스템 홈페이지(http://seoji.nl.go.kr)와 국가자료종합목록 구축시스템(http://kolis-net.nl.go.kr)에서 이용하실 수 있습니다.
(CIP제어번호: CIP2019043200)

＊잘못된 책은 바꾸어 드립니다.
＊이 출판물은 저작권법에 의해 보호를 받는 저작물이므로 무단전재와 무단 복제를 할 수 없습니다.

내 아이를 품격있는 아이로, 나는 존경받는 부모로.

어디서나 사랑받는 우리 아이 키우기

김시온이나 지음

도서출판 좋은FR

프롤로그

어린이 매너 교육,
왜 필요할까요?

　몇 년 전부터 노키즈존(No kids zone, 어린이 출입금지 구역)이니 맘충이니 하는 신조어들이 생겨나기 시작했다. 처음엔 여러 사람이 같이 밥을 먹는 식당에서 큰 소리를 내며 떠들거나 장난을 치고 뛰어다니며 다른 사람들이 식사하는데 방해를 하는 아이들에게 비난의 화살을 돌렸다. 그러자 일부 식당에서는 노키즈존을 외치며 아이들을 거부하기 시작했다. 하지만 점차 시간이 지나자, '이게 정말 아이들의 잘못일까?'라는 화두가 떠오르며 이번에는 아이들에게 매너를 가르치지 않고 잘못된 행동을 고쳐주지 않는 부모들에게 비난의 화살이 돌아갔다. 심지어는 버릇없고 매너 없는 아이를 보거나 아이를 동반한 채 매너 없는 행동을 하는 엄마들은 '맘충'이라는 단어로 비하 받는다.

　이러한 상황들의 원인은 사실 매너 없는 아이나 그 아이를 키우는 부모의 문제만이 아닌 사회 전반적으로 에티켓과 매너에 대한 인식이 부족하고 자기만 아는 개인주의적이고 이기적인 생각들이 만연하기 때문이다.
　아이들은 아무것도 모르는 백지와 같은 상태이며 스펀지와 같아서, 배우는 모든 것들을 그대로 흡수하기 때문에 부모가 그 아이들에게 어떤 그림을 그려주느냐에 따라 즉, 어떤 교육을 하는지에 따라 얼마든지 달라질 수 있다. 잘된

것을 가르쳐주면 바른 생각과 행동을 하고, 잘못된 것을 보여주거나 가르쳐주면 잘못을 잘못인 줄 모르고 생각하고 행동하게 된다.

그래서 아주 어렸을 때부터 내 아이에게 바른 교육을 해주어야만 아이는 사회와 타인들로부터 환영받고 사랑받는 사람으로 자랄 수 있다. 특히나 매너란 것은 한순간에 숙지 되어 행동으로 나타날 수 없다. 세 살 버릇 여든까지 간다라는 말이 있듯이 에티켓과 매너는 아주 어렸을 때부터, 말을 배우고 글을 터득하듯이 자연스럽게 체득되는 것이다. 그러나 대가족의 형태가 많아 조부모, 삼촌, 고모 등 친척 및 온 가족이 양육을 같이하던 때와 달리 핵가족화가 진행되면서부터 가정교육이 제대로 되기 힘든 상황이 되었다. 가정교육이 중요한 것을 알면서도 어떻게 가르쳐야 할지를 모르고, 또 아이들이 흥미로워할 수 있게 가르치기도 너무 어렵기만 하다. 그래서 그러한 분들에게 좀 더 쉽고 재미있게 아이들을 지도할 방법을 전해주고자 이 책을 쓰게 되었다.

모쪼록 이 책이 그러한 매너의 필요성과 갈급함을 느끼는 분들과 세상에서 가장 소중한 내 아이가 어디서나 누구에게나 사랑받고 인정받는 아이가 되길 바라는 모든 부모님께 도움이 될 수 있길 간절히 바란다.

저자 김시온이나

목차

프롤로그 • 4
How to teach? · 책 활용법 • 12
`매너의 기원` 프랑스의 루이 14세 왕 이야기를 통해 알아보는 매너 스토리 • 16
`인사 매너` 매너의 기본은 인사! 율동을 하며 배워보는 인사 매너 • 22

CHAPTER I
의식주 생활 매너

01 `옷 입기 매너`
앗 너무 추워! 겨울에 왜 여름옷을?
계절별, 상황별에 따른 옷 입기 • 30

02 `생리 현상 매너`
우리 몸엔 구멍이 있대요!
언제 어디서나 밝고 빛나게! • 36

03 `씻기 매너`
씻기 싫어! 목욕하기 싫어! • 44

04 `물 사용 매너`
물은 소중한 거야! • 47

05 `잠자리 매너`
지금 자기 싫어! 혼자 잘 수 있어요. • 52

06 `바른 자세 매너`
나는야 톱스타, 톱모델! 엄마는 사진작가!
우리 집은 런웨이, 무대! • 58

07 `식사 매너`
밥상머리 예절이 뭐예요? • 65

CHAPTER II
안전 매너

01 🚪 문 매너
우당탕탕 문 부서지겠어! 앗 손이 문에 꼈어! ● 72

02 🚨 생활 안전 매너
끼익! 꺅! 쿵! 위험한 것들이 너무 많아! ● 78

03 🚗 자동차 매너
안전벨트 좀 매! 떠들지 좀 마! ● 85

CHAPTER III
공공장소 매너

01 🏛 공공장소 매너
공공장소가 뭐야? 내 아이한테 뭐라고 하지 마세요? ● 94

02 🏛 대중교통 매너
쉿! 버스에선 조용히 좀 해주세요! ● 100

03 🏛 공원, 놀이동산 매너
내가 먼저 탈 거야! 새치기는 안 돼요! ● 106

04 🏛 공중화장실 매너
아 급하다 급해! 어? 내가 먼저 왔는데 ● 111

05 🏛 식당 매너
너무 정신없어!
밥이 코로 들어가는지 입으로 들어가는지 모르겠어요! ● 115

06 🏛 쇼핑몰 매너
이것도, 저것도 다 사줘! ● 120

07 🏛 관람 매너- 극장, 박물관, 미술관
박물관이 살아있다! ● 129

CHAPTER IV
관계 매너

01 표정 매너
친구들이 좋아하는 나의 얼굴은?
스마일 & 키즈 이미지 ● 138

02 전화 매너
따르릉!
언제나 바르게 당황하지 않고 전화 받을 수 있어요. ● 144

03 나눔 매너
다 내 꺼야! 내가 먼저야! ● 148

04 화해 매너
친구와 다퉜어요! 어떻게 하죠? ● 155

05 감정 표현 매너
오늘 내 마음은 빨간색이야! 노란색이 아니라고!
내 얼굴이 하는 말! ● 162

06 칭찬 & 감사 매너
칭찬은 고래도 춤추게 한대! ● 167

07 시간 & 약속 매너
시간 약속 지키기는 정말 중요해! ● 173

08 스포츠 매너
정정당당, 페어플레이!
스포츠맨십 배우기 ● 179

09 어린이 스피치 매너Ⅰ
먼저 잘 들어야 잘 이야기 할 수 있어요! ● 182

10 어린이 스피치 매너Ⅱ
모두 다른 생각 주머니! ● 186

11 어린이 스피치 매너Ⅲ
엄마 아빠 저 할 말 있어요! ● 190

12 파티 매너
친구를 집에 초대해요! ● 195

13 한국전통 매너-명절 매너
명절은 용돈 받는 날이 아니야! ● 205

특별편★ 유럽식 테이블 매너
요리별 식사 순서 및 식기 사용법 ● 215

어디서나 사랑받는
우리 아이 키우기

엄마아빠와 함께 보는 그림책

I. 의식주 생활 매너 – 씻기 매너
엄마아빠와 함께 보는 그림책
씻는 것은 정말 싫어! ● 224

I. 의식주 생활 매너 – 잠자리 매너
엄마아빠와 함께 보는 그림책
달님! 같이 놀아요! ● 228

I. 의식주 생활 매너 – 바른 자세 매너
엄마아빠와 함께 보는 그림책
꼬부랑 할아버지가 된 하랑이 ● 232

II. 안전 매너 – 문 매너
엄마아빠와 함께 보는 그림책
무매너씨의 문 사용법 ● 234

II. 안전 매너 – 안전 매너
엄마아빠와 함께 보는 그림책
세상은 온통 위험한 것 투성이야 ● 236

How to teach?·책 활용법

To. 가르치고 싶은데
어떻게 해야 할지 모르겠을 부모님들께

먼저 각 챕터별로 간단한 매너 지식들을 넣었다. 부모님은 아이들에게 교육 전 매너에 관한 배경지식을 먼저 이해하고 시작하면 훨씬 쉽고 재미있게 아이들에게 전달이 가능할 것이다.

아이들은 부모의 거울이다. 부모가 어떻게 하느냐에 따라 아이들이 보고 배우기 때문에 부모가 먼저 행동으로 보여줄 수 있도록 부모님을 위한 내용도 언급했다. 부모가 먼저 배경지식을 이해하고 행동으로 보여준다면 아이들에게는 책으로 하는 교육과 더불어 시너지 효과가 날 것이다.

With kids에는 아이들과 함께 할 수 있는 짧은 이야기나, 상황극, 역할극 등을 넣었다. 이야기는 글을 읽을 수 있는 아이든 못 읽는 아이든 부모가 들려주는 것이 좋다. 읽어준 후엔 반드시 **생각 나누기**를 한다. 평소 아이와 이야기 나누기에 익숙하지 않은 분들을 위해 **How to talk**를 통해 아이들과 원활하게 대화할 수 있도록 가이드 라인을 제시했다. 우리 아이의 이름을 넣어 활용하면 좋다.

아이들과 이야기를 나눌 땐 아이들의 생각을 끌어내는 것이 중요한데 절대 부모가 먼저 부모의 생각을 말하거나 정답을 알려주지 말고 기다려줘야 한다. 아이가 답을 말했을 땐 설령 부모가 생각하는 답이 아니거나 틀린 답일지라도 틀렸다고 하지 말고 "아, 우리 ○○이는 그렇게 생각하는구나."하고 아이의 생각을 받아준다. 질문할 때 질문은 최대한 쉽게 풀어서 해주고 아이가 못 알아들으면 더 쉽게 풀어주며 예를 들어준다. 질문한 후에는 꼭 대답을 듣고 많은 호응을 해줄수록 좋다. 그러면 아이는 신이 나서 더 많은 대답을 하려고 더 많은 창의적인 생각을 하고 답을 말할 것이다. 다 듣고 난 후에는 엄마가 정리해주며 아이에게서 안 나온 정답을 더해 이야기해 준다. 이야기해줄 땐 꼭 이유도 얘기해주며 아이가 이해하고 납득할 수 있게 해주어야 한다. 이 방법은 아이의 자존감을 높여줄 뿐 아니라 부모에 대한 신뢰감도 자라게 한다.

나 먼저, 나부터 아이와 대화할 때 지켜야 할 에티켓이 뭔지 생각해보고 역할을 정해서 해보는 연습이 부모도 필요하다.

각 챕터별로 리마인드 해볼 수 있도록 **Let's Do It!**에 활동북 및 체험이나 놀이 방법을 넣었으니 꼭 해보시기 바란다. 아이들은 듣는 것은 10%, 보는 것은 30%, 체험한 것은 70% 이상을 기억한다고 한다. 보다 효과적인 결과를 위해 꼭 활동북과 체험, 놀이를 직접 해보시길 권한다.

어린이 매너 교육의 기본은 "안 돼, 하지 마."가 아닌 "해도 돼. 그런데 바른 방법이 있어. 그 방법대로 해볼까? 그러면 나도, 친구도, 엄마도, 아빠도 모두가 훨씬 기쁘고 우리 ○○이를 더 사랑하게 될 거야."라고 말해주며 아이 스스로 동기부여가 돼서 매너 있는 행동을 하게 하는 것이다.

<어디서나 사랑받는 우리 아이 키우기>
이렇게 활용하세요!

매너 교육이 절실한
순간마다 책을 꺼내기

- 목차에서 공감되는
  제목을 골라 필요한
  매너 교육법을 익힙니다.

아이를 가르치기 전에
부모부터 매너 공부하기

- 챕터별 매너 지식을
  읽으며 어떤 매너가
  있는지 상기합니다.

With kids 로 아이와 함께 그림책 읽기, 상황극, 역할극을 통해 놀면서 매너 익히기

- 아이와 대화할 때, '나부터 대화 매너 지키기' 잊지 마세요!
- How to talk 생각 나누기 속 'OO이'에는 우리 아이의 이름을 넣어 이야기를 들려주세요.
  아이가 좋아하고 부모와의 대화에 더욱 집중할 수 있도록 도와줍니다.

How to talk 생각 나누기 는
질문으로 가득 채워져 있습니다.

- 부모가 아이에게 질문을 던지고 아이의 답변을 충분히 듣고
  아이의 생각을 이해하는 것이 중요합니다.
  그 후에 올바른 방법을 알려주세요.

Let's Do It! 을 활용하여
아이들과 즐겁게 매너 공부하기

- 직접 체험해 본 것은 더 오래~ 남습니다.

QR코드를 찍으면 영상으로
매너를 배울 수 있어요!

프랑스의 루이 14세 왕 이야기를 통해 알아보는
매너 스토리

매너의 기원

매너의 어원은 Manuarius라는 라틴어에서 생겨났다. Manus와 Arius라는 말의 합성어인데, Manus는 영어의 Hand란 뜻으로 사람의 손이라는 의미 외에 사람의 행동, 습관 등의 뜻을 내포하고 있으며, Arius는 More at Manual, More by the manual로 방식, 방법의 의미를 지니고 있다.

따라서 매너는 사람마다 가진 '독특한 습관, 몸가짐'으로 해석할 수 있다. 매너의 기본 개념은 상대방을 존중해 주는 데 있으며, 이는 상대방에게 불편이나 폐를 끼치지 않고 편하게 하는 것을 뜻한다. 에티켓은 행동의 기준이며, 매너는 그것을 행동으로 나타내는 방법이다. 노인에게 자리를 양보해야 한다는 룰(rule)은 에티켓이고, 자리를 양보하는 행위는 매너다. 남의 방에 들어가기 전 노크를 해야 한다는 것은 에티켓이고, 노크하는 행위는 매너*이다.

에티켓을 알고 매너 있게 행동을 하는 사람과 반대로 에티켓을 모르거나, 아

---

* 우리 사회에서는 현재 에티켓과 매너는 같은 것으로 용인되며 에티켓보다 매너라는 단어를 더 많이 사용하므로 우리 책에서도 매너라고 지칭하겠다.

니 안다 해도 지키지 않고 매너 없게 행동하는 사람 중 여러분은 누구에게 더 호감을 느낄 것인가? 미국 컬럼비아 대학에서 성공한 CEO들을 대상으로 연구를 했는데 '그들의 성공 비결에 가장 큰 영향을 끼쳤던 것은 무엇인가'에 대한 설문에 압도적으로 '인간관계'라는 대답이 많았다고 한다. 그런데 그 인간관계에서 또 가장 많은 영향을 미친 것이 바로 '매너'였다고 할 만큼 매너는 살아가는 데 있어, 굉장히 중요한 것이다. 매너는 각 나라의 역사와 문화에 따라 독특하게 형성되는데, 이 책에서는 글로벌 시대에 공통으로 통용되는 매너들을 위주로 엮어보았다.

매너의 기원에 대해선 여러 가지 설들이 있으나 아이들이 흥미를 느낄 만한 재미있는 이야기를 소개해 보겠다.
베르사유 궁전을 아는가? 프랑스의 대표적인 건축물 중 하나이다.
이 베르사유 궁전은 루이 14세 때 지어졌는데, 특이한 점은 화장실이 없었다는 것이다. 엄청나게 화려한 궁전인데 궁전을 지으면서 왜 화장실을 만들지 않았을까? 여러 가지 재미있는 이야기들이 전해지지만 가장 보편적인 이유는 왕을 비롯한 궁전에 살던 사람들은 모두 개인 전용 변기를 가지고 다녔다는 것이다. (루이 14세는 몇 개의 변기를 가지고 다녔을까? 무려 26개의 변기를 가지고 다녔다고 한다)
이렇게 궁전에 사는 사람들은 그렇다 치고 일반인들이 궁전을 방문했을 때 급하게 용변이 보고 싶을 때는 어떻게 했을까? 사람들은 어쩔 수 없이 정원에 몰래 숨어 들어가 용변을 보는 일이 많았다고 한다. 그렇다 보니 아름답던 정원에서는 오물들로 인해 지독한 악취가 났고 이를 참다못한 정원 관리인이 마침내 입구에 출입 금지 표지판을 세우게 되었다.
이 표지판을 '에티켓(Etiquette)'이라고 불렀는데 지금의 예의범절을 뜻하는 에티켓이 바로 이렇게 불리게 된 것이다.

With kids

엄마아빠가 들려주는
매너 이야기

임금님의 꽃밭

혹시 매너라는 말을 들어본 적 있나요?

옛날에 프랑스라는 나라에 루이 14세라는 임금님이 살고 있었어요. 그 임금님은 아름답고 웅장하기로 유명한 베르사유 궁전에 살면서 매일매일 즐거운 파티를 열어 사람들을 초대하곤 했어요.

그런데 이 아름답고 커다란 궁전에는 특이하게도 없는 게 하나 있었어요. 바로 화장실이에요. 그럼, 사람들은 어떻게 볼일을 봤을까요? 궁전에 사는 사람들은 개인 용변기를 가지고 다녔어요. 마치 요즘 휴대폰처럼 말이에요. 신기하지 않나요? 그런데 그건 궁전에 사는 사람들만 그랬고 일반 사람들은 그렇지 않았어요. 매일매일 열리는 궁전의 파티에 오는 사람들은 화장실이 없어서 아주 곤란한 지경이었어요.

그 사람들은 볼일이 보고 싶으면 어떻게 했을까요?

아름답고 웅장한 베르사유 궁전 건물만큼 유명하고 아름다웠던 베르사유 궁전 꽃밭에 몰래 들어가서 볼일을 봤어요. 으웩!

꽃밭은 어떻게 되었을까요? 그래요. 온갖 오물로 악취가 진동했고 꽃밭은 망가지기 시작했어요. 보다 못한 꽃밭 관리인이 특단의 조치를 취했는데, 바로 꽃밭 앞에 출입금지란 표지판을 세우는 것이었어요.

이 표지판을 에티켓이라고 불렀는데 이것이 바로 오늘날 우리가 말하는 매너를 뜻하는 말이 되었어요. 꽃밭 관리인이 표지판(에티켓)을 세운 뒤로 꽃밭은 어떻게 되었을까요? 사람들이 꽃밭에 들어갔을까요, 안 들어갔을까요? 다행히 많은 사람들이 매너 있게 꽃밭에 안 들어갔고 망가졌던 꽃밭은 다시 아름다워지기 시작했어요. 처음부터 사람들이 꽃밭에 들어가면 안 된다는 것을 알았다면 꽃밭이 망가지는 일이 있었을까요? 우리도 마찬가지라고 생각해요. 우리도 매너에 대해 알고 지킨다면 '노키즈존' 같은 것은 없어질 거예요.

How to talk 생각 나누기

우리 아이들이 생각하는 매너에는 뭐가 있을까?
우리 아이들은 어떤 행동들이 매너 있는 행동이라고 생각할까?
'친구들이 나에게 이렇게 해줬으면 좋겠다.' 하는 행동들은 뭐가 있을까?
아이들과 이야기를 나눠보자.

부모: 우리 ○○이(아이 이름을 넣어서 대화하면 더욱 효과적인 생각 나누기를 할 수 있다.) 매너 이야기 들어봤는데 이제 매너가 뭔지 좀 알겠어? 어떻게 하는 게 매너 있는 행동일까?

우리 주변에는 "잔디밭에 들어가지 마세요."라고 써진 에티켓처럼 "어떻게 해주세요."라고 써진 것들이 있어. 그림으로 그려진 것도 있고, 우리 아파트 엘리베이터에도 있어. 같이 찾아볼까?

아이들과 함께 우리 주변에 있는 다양한 매너 표지판을 찾아보며 우리가 지켜야 할 매너에 어떤 것들이 있는지 가볍게 일깨워준다.

여기서 중요한 것은 아이들에게 이 두 가지를 명심 시켜 주는 것이다.

⭐ 매너는 남과 나를 위한 배려이자 사랑이에요!
⭐ 매너 있는 사람은 모두에게 사랑받아요!

부모: 어때, 찾아보니 참 많지? 그런데 이렇게 사람들이 매너 있게 행동하면 다른 사람들이 어떨 것 같아? 내가 매너 있게 행동하면 다른 사람들도 기분 좋아지고 나도 기분 좋아지고 행복해져. 또 다른 사람들이 나를 사랑하게 된대.

그럼 엄마랑 이제 하루에 하나씩 놀이도 하고 동화도 듣고 하면서 매너 있는 행동들을 알아볼까?

Let's Do It!

- 주변에서 에티켓 표지판 찾아보기, 우리 집만의 에티켓 만들기
  예: 뛰지 않고 살금살금 걷기
- 우리 집만의 에티켓을 잘 지켜서 매너 지키기 판을 가득 채워보세요.

활동북_1p 우리 집만의 에티켓 만들기 참고   준비물_ 색연필, 사인펜
           매너 지키기 판

매너의 기본은 인사!
율동을 하며 배워보는 인사 매너

`인사 매너`

인사는 人(사람 인) 事(일 사). 즉, 사람이 하는 일로 서로 만나거나 헤어질 때 말이나 태도 등으로 존경, 인애, 우정을 표현하는 행동 양식이며 매너 있는 행동의 기본이다. 인사는 본래 그 유래가 원시시대에 상대를 해치지 않겠다는 신호로서 손을 위로 들기도 했고 손을 앞으로 내밀기도 했으며, 허리를 굽히기도 했다. 인사는 섬김의 자세이자 환영의 표시이고 신용의 상징, 친근감의 표현이라 할 수 있다. 인사는 평범하고도 쉬운 행위이지만 습관화되지 않으면 실천에 옮기기가 어렵다.

매일, 아니 하루에도 여러 번 하는 인사, 과연 쉬울까? 올바른 인사 매너에는 무엇이 있을까?

💟 올바른 인사 매너, 첫째는 내가 먼저 하는 것이다.

간혹 상대방이 나를 보고 있지 않다고 해서 인사를 생략하기도 하는데 그럴 때 상대방에게 먼저 다가가 인사하는 것이 매너이다.

💟 둘째, 상대방의 눈을 보며 미소를 짓는다.

생각해보자, 인사할 때 나의 표정은 어떤지, 반대로 나에게 인사하는 상대방이 무표정하거나 내키지 않는 듯한 표정을 하고 있다면? 혹은 나를 보며 환하게 미소 짓고 있다면? 누구의 인사가 더 반가울까? 당연히 환하게 웃으며 인사하는 사람일 것이다.

😊 셋째, 바른 자세로 인사한다.

우리 주변에는 하던 일을 멈추지 않은 채로나 주머니에 손을 넣은 채 혹은 고개만 까딱하는 등, 성의 없는 인사를 하는 사람이 꽤 많다. 인사는 하던 일을 멈추고, 손은 다리 양옆이나 배꼽 위에 가지런히 모으고 고개와 허리를 숙여 정중히 해야 한다.

😊 넷째, 상냥하게 인사말을 건넨다.

마음을 담아 상대방이 충분히 들을 수 있는 발음과 목소리로 상냥하게 인사해야 한다.

With kids
엄마아빠가 들려주는
매너 이야기

용기있는 사람은 먼저 인사해요.

오늘 아침이었어요. 저와 동생 하랑, 하은이는 학교와 유치원에 가려고 엘리베이터를 기다리고 있었어요. 우리 층의 엘리베이터가 열렸는데 19층에 사시는 할머니가 타고 계셨어요.

"안녕하세요?"
하랑이가 웃으며 큰 소리로 먼저 인사드렸어요.
"아이고 귀엽네. 유치원 가니?"
"네."
"그렇구나! 그런데 몇 살인고?"
"네 살, 아니 다섯 짤!"
"아이고, 똑똑하기까지 하네."

할머니는 함박웃음을 지으시며 하랑이를 쓰다듬어 주셨어요.
엘리베이터가 1층에 도착해서 내릴 때 하랑이는 할머니한테
"안녕히 가세요."
하고 또 인사했어요.

"오냐, 귀염둥이도 유치원 잘 다녀오거라."
하고 할머니는 웃으며 가셨어요.

유치원 버스를 타러 가는 길에 우린 아파트 경비 아저씨를 만났어요.
하랑이는 먼저 큰 소리로 웃으면서 인사드렸어요.
"아저씨, 안녕하세요."
비를 쓸고 계시던 아저씨는 우릴 발견하곤 아주 반가워해 주셨어요.
"어이구 유치원, 학교 가니?"
그리고 "네~" 대답하고 돌아서는 우리에게
"어쩜 저렇게 인사를 잘할까."
하고 칭찬해 주셨어요.

그런데 우리 하은이는 오늘도 우리가 인사할 때 옆에서 조용히만 있었어요.
"하은아, 인사를 왜 안 해?"
"부끄러워서……"
"인사하는 게 부끄러워?"
"응."
"음, 하은아, 하랑이가 인사 잘해서 칭찬받는 거 보면 부러워 안 부러워?"
"부러워."
"인사하는 게 어려워?"
"응, 부끄럽기도 하고
어떻게 하는 건지 잘 모르겠어."

안녕하세요.

How to talk 생각 나누기

아이들이 인사를 못 하는 가장 큰 이유는 '낯선 사람에게 인사를 하는 것이 부끄러워서' 이다. 아이들에게 인사를 먼저 하는 사람이 용기 있는 사람이라는 것을 알려주고 바르게 인사하는 방법에 대해 함께 알아보자.

바르게 인사하는 방법

첫째, 용기 있는 사람은 내가 먼저 인사한다.
둘째, 인사는 큰 목소리로 또박또박한다.
셋째, 인사는 웃으면서 한다.
넷째, 인사는 바른 자세로 한다.

부모: 우리 ○○이도 하은이처럼 인사할 때 부끄러워? 인사하는 것은 생각보다 어렵지 않아. 인사를 잘 하려면 아주 간단해. 네 가지만 기억해. 첫째, 인사는 누가 먼저 하는 걸까? 진짜 용기 있는 사람은 내가 먼저 인사하는 거래. 그런데 아까 경비 아저씨처럼 상대방이 무언가 다른 일을 하느라고 날 안 보고 있을 땐 어떻게 하지? 인사 안 하고 그냥 가야 하나? 그럴 때도 내가 먼저 하는 거야. 인사는 항상 내가 먼저!

두 번째는, 큰 목소리로! 아까 경비 아저씨처럼 상대방이 날 발견하지 못했을 때도 '제가 인사할 거니까 저를 봐주세요, 제 인사를 받아 주세요.'라는 신호를 보내며 큰 소리로 먼저 인사하는 거야.

셋째, 어떤 표정으로 인사하는 사람이 좋아? 인사는 상대방을 바라보며 웃으면서 하는 거야.

넷째는, 바로바로 바른 자세! 하던 일을 멈추고 양손을 바르게 배꼽 손을 하거나 다리 양옆에 붙이고 허리를 굽혀서 인사하는 거야.

그런데 친구나 동생한테 인사하는 것과 어른들께 인사하는 것이 달라. 친구들한텐 '안녕'하고 손을 흔들면서 인사를 하고 어른들에겐 양손을 배꼽에 대고 허리를 굽히며 인사하면 돼. 만날 땐, '안녕하세요.' 헤어질 땐, '안녕히 계세요.' 또는 '안녕히 가세요.'라고. 오늘은 인사 잘하기 날로 정하고 인사 연습을 해볼까?

Let's Do It!

- 동영상(QR코드): 아이들에게 영상을 보여주고, 인사 율동을 함께 해 보세요!

CHAPTER
I

의식주 생활 매너

01
앗 너무 추워! 겨울에 왜 여름옷을?
계절별, 상황별에 따른 옷 입기.

옷 입기 매너

유난히 피곤한 아침이다. 어제 퇴근하고 늦게까지 집안일을 하느라 몸이 천근만근이지만, 오늘도 겨우 일어나 부랴부랴 아침 준비를 했다. 아이에게 아침밥을 먹이고 대충 치우고 나서 옷을 입히려는데 아이는 옷을 안 입겠다고, 더 놀겠다고 떼를 쓴다. 겨우겨우 달래서 옷을 입히려고 하자 이번엔 지난여름 즐겨 입었던 뽀로로 티를 입고 가겠다고 한다. 이제 초겨울이라 겨울 점퍼를 입어도 추울 것 같은데 말이다. 화가 올라오는 것을 참으며, 겨울 점퍼를 입혀 집을 나서려는데 아이가 이번엔 또 갑자기 장화를 신고 가겠다고 버틴다. 비도 안 오는데 무슨 장화냐고 그냥 운동화 신고 가자고 하지만 아이는 울고불고 생떼를 쓴다. 출근 시간은 가까워져 오고 이러다 지각하는 건 아닌지 걱정이다.

대부분의 부모들이 위와 같은 상황을 한두 번 혹은 여러 번 겪으셨을 테고 지금도 겪고 계실 것이다. 그런데 부모 입장에서는 별것 아닌 '옷 입기'가 아이에게는 꽤 불편한 일일 수 있다. 아이가 옷을 입기 싫어하는 이유는 다음과 같다.

첫째, 옷 자체를 거부한다기보다 불편함을 싫어하는 것이다.

어른도 불편한 옷을 입으면 답답하듯 아이도 마찬가지이다. 아이가 옷 입기를 거부한다면 옷이 불편한 것인지 먼저 살펴야 한다. 불편하다면 왜 그러는지 라벨이나 옷의 소재가 문제인지 살펴보고 그런 이유가 아닌 단순히 옷 자체를 불편해한다면 옷을 왜 입어야 하는지 설명해준다.

💙 둘째, 아이의 의사가 무시되는 경우이다.

아이가 무언가에 집중하고 있을 때 부모가 갑자기 옷을 입히면 자신의 선택과 관계없이 옷을 입게 돼서 짜증을 낼 수 있다. 아이가 옷 입기를 거부하며 울 때는 우선 멈춰야 한다. 부모가 다급한 마음에 옷 입히기를 시도하다 아이가 안 입으려 하면 재촉하게 되는데 이러한 실랑이 끝에 아이를 혼내거나 강제로 입혀 울리게 되곤 한다. 이러한 상황이 벌어질 때마다 부모가 힘으로 제압하면 아이는 그 순간은 겁에 질려 옷을 입지만 부모에 대한 부정적인 감정은 계속 남을 수 있기 때문에 이때는 아이가 외출을 싫어하는 건지 하던 일을 그만두기 싫은 건지 파악하고 그런 다음 미리 외출 장소 및 옷을 입을 시간을 알려주거나 하던 일을 마무리 짓고 옷을 입는다는 것을 알려준다.

아이가 좀 더 이해하기 쉽게 하기 위해선 인형 놀이나 상황극을 하는 것도 좋은 방법이다. 인형 놀이나 상황극을 통해 아이가 왜 옷을 입어야 하고, 날씨에 따라, 상황에 따라 어떤 옷을 입어야 하는지 스스로 깨닫게 하는 것이 중요하다.

With kids

엄마아빠와 함께하는
상황극

인형 놀이나 상황극을 할 때는 엄마, 아빠가 아이가 되어
아이를 흉내 내고 아이가 엄마, 아빠가 되어 보는 것이 좋겠다.

* 날씨는 비 오는 날, 맑은 날, 한여름, 한겨울 등으로, 상황은 소풍 가는 날, 체육 하는 날, 산에 가는 날 등 여러 가지로 응용해 볼 수 있겠다.

** 주의: 처음에는 아이가 좋아하는 옷으로 상황극을 하면 안 된다.
아이가 엄마, 아빠가 되어 말려야 하는데 자기가 좋아하는 옷을 가지고 하면 말리지 않고 상황극 자체가 안 될 수 있다.

1. 옷을 안 입겠다고 떼쓰는 상황

아이: ○○아, 이제 옷 입을 시간이야.
엄마: 싫어요. 나 지금 블록 놀이 하고 싶어요. 더 할래요.
아이: 유치원 가야 할 시간인데?
엄마: 안 가! 오늘 유치원 안 가고 집에서 엄마랑 놀래요.
아이: 엄마 회사 가야 하는데.
엄마: 싫어, 싫어~ 유치원 안 갈래!
아이: 휴~

아이는 이후부터 평소 엄마, 아빠가 말하던 대로 반응하거나 스스로 떼쓰던 것처럼 안 된다고 하면서 상황극이 종료되는 경우가 많다. 상황극을 할 때는 최대한 아이의 평소 반응과 비슷하게 한다. 이때 엄마가 실제로 아이와 이런 상황이었을 때를 상기시키며 그때 엄마의 기분이 어땠을지 생각하게 한다.

이 과정을 통해 아이는 자기의 모습을 생각하고 엄마아빠의 기분도 조금은 생각할 수 있게 된다.

이렇게 첫 번째 상황극을 종료하고 나면 다시 두 번째 상황극을 시작한다. 마찬가지로 아이와 부모의 역할을 바꾸어서 진행하면 되는데, 시작하기 전에 아이가 상황을 이해할 수 있게 설명을 자세히 해주어야 한다.

2. 날씨와 반대되는 옷을 입고자 떼쓰는 상황

엄마: (겨울에 여름옷을 꺼내며 혹은 그 반대로)오늘은 이 옷 입을 거예요.
아이: 오늘은 너무 추워서 안 돼요.
엄마: 싫어요! 이 옷 입고 갈 거예요. 이 옷 입고 싶단 말이에요!
아이: 감기 걸릴 텐데, 감기 걸리면 아픈데, 병원 가서 주사 뽕! 맞아야 해요.
엄마: 주사 싫은데…… 알았어요. 그럼 다른 옷 입을게요.

How to talk 생각 나누기

아이와 상황극이 모두 종료되면, 옷이 우리에게 왜 필요한지에 대해 아이와 생각 나누기를 진행한다. 아이에게 반드시 이 세 가지는 알려주어야 한다.

★ 옷은 우리 몸을 보호하기 위해 꼭 입어야 한다.
★ 옷은 스스로 입는다.
★ 날씨에 따라, 상황에 따라 거기에 맞는 옷을 입어야 한다.

부모: ○○아 엄마랑 이렇게 역할 바꾸기 해보니까 어때?
그런데 ○○이는 옷을 왜 입어야 하는지 알고 있어? 속옷은 왜 입을까?
그럼 한번 생각해볼까? 만약에 우리에게 옷이 없다면 어떻게 될까?
추운 겨울에 옷이 없어서 입을 수 없다면 너무 추울 거야. 감기에도 계속 걸려서 아주 아주 아프고 병원 가서 주사도 뽕 맞아야 할 거야.
만약에 산에 갈 때 옷이 없으면 어떻게 될까?
나무에 긁혀서 여기저기 상처도 나고 피가 날 수도 있고, 또 벌이나 다른 벌레들한테 쏘이거나 물려서 다칠 수도 있어.
옷은 이렇게 우리 몸을 보호해주는 역할을 하기 때문에 꼭 입어야 해.

그런데 옷은 상황에 따라 날씨에 따라 다르게 입어야 한대. 왜 그럴까?

추운데 여름옷이 예쁘다고 여름옷을 입으면 너무 춥고 감기에 걸릴 거야. 또 더운 여름에 겨울옷을 입는다면 너무 더울 거고. 그리고 산에 갈 때는 풀과 나뭇가지 벌레들로부터 나를 보호할 수 있는 옷을 입어야 하고 바다나 수영장에서는 수영하기 편한 수영복을 입어야 해. 이처럼 옷은 우리 몸을 보호하기 위해 꼭 입어야 하고, 또 날씨에 따라 장소나 상황에 따라 거기에 맞는 옷을 입어야 해.

옷이 우리에게 꼭 필요하다는 것을 아이가 충분히 인지했다면, 이제 옷을 보관하는 방법에 대해 알려줄 차례이다.

⭐ 외출할 때 입은 더러운 옷은 빨래통에 넣는다.
⭐ 깨끗한 옷은 옷장에 잘 개어 넣어둔다.

부모: 이렇게 소중한 옷을 우리 ○○이는 어떻게 보관해?

아이: 옷장에 넣어놔요.

부모: 그렇지. 옷도 자기의 집이 있어. 그게 바로 옷장이야. 우리도 외출하고 집에 오면 몸을 깨끗이 씻지? 더러운 몸으로 자지 않잖아. 마찬가지로 옷들도 깨끗한 옷들은 옷장에 넣어두고 쿨쿨 잠을 자거나 쉬게 해야 하지만, 더러운 옷은 꼭 빨아줘야 하기 때문에 옷이 더러우면 엄마한테 얘기하고 빨래통에 넣어야 해. 그리고 내일 다시 입을 옷은 어떻게 할까? 아무 데나 휙~ 던져 놓으면 될까?

옷걸이에 걸어두거나 접어서 정리해줘야 옷들이 밤새 푹 쉬고 내일 또 나의 몸을 보호해 줄 수 있어. 우리 ○○이, 그럼 엄마랑 옷 걸고 개는 놀이 한번 해볼까?

Let's Do It!

- 옷을 걸고 개는 법 직접 해보기
- 동영상(QR코드): 아이들에게 영상을 보여주고, 직접 옷을 입고 벗으며 따라 할 수 있도록 지도해주세요.

활동북_3p 날씨와 상황에 따른 옷 고르기 준비물_ 가위, 풀

02
우리 몸엔 구멍이 있대요!
언제 어디서나 밝고 빛나게!

▶◀ 생리 현상 매너

미국이나 유럽 등의 국가에선 일반적으로 재채기를 하고 나면 주위 사람들에게 "Excuse me."라고 양해를 구하는 게 매너이다. 그리고 주위 사람들은 보통 "God bless you." 혹은 "Bless You."로 맞받아 인사를 한다.

재채기는 내 의지와 상관없이 갑자기 속수무책으로 나오는 생리 현상 중 하나이다. "생리 현상인데 뭐 어때!"라며 굳이 사과까지 해야 하는 건가? 라고 생각하는 사람들도 있을 수 있다.

그렇지만 아무 데서나 손도 안 가리고 재채기를 하며 침을 튀기는 사람들을 보면 어떤가?

트림은 서양의 경우 거의 금기 사항이라 나오더라도 입을 가리고 소리가 나지 않게 하며 "Excuse me."라고 해야 한다. 그러나 우리나라의 경우 과거에는 밥 먹고 트림을 거하게 하면 "아~ 잘 먹었다."라는 표현으로 여겨지기도 하며 좀 관대한 편이었다. 하지만 지금은 어떤가?

방귀 뀌는 사람을 보면 어떤 생각이 드는가? 물론 방귀를 참으면 병이 된다며 시원하게 껴도 된다고 생각하는 사람들도 있지만 사실 방귀는 동서양을 막론하고 어려운 사람들이나 모르는 사람들끼리는 절대 금기 사항 중 하나이다. 소리도 소리지만 냄새 때문에 당사자도 주변인들도 여간 당황스러운 게 아니다.

이외에도 누군가와 대화를 하고 있는데 상대방이 계속 입을 쩌억 벌리며 하품을 아무렇지 않게 한다면? 영화 관람 중 조용한 극장 안에서 누군가 계속 패엥 하고 코를 푼다면? 코를 파서 아무 데나 휙 던지고 옷에 묻힌다면? 나는 무슨 생각이 들까? 아무리 생리 현상이라지만 기분이 썩 좋지만은 않을 것이다.

생리 현상을 하는 데도 지켜야 할 매너가 있다. 아이들에게 자연스레 하는 생리 현상이지만 지켜야 하는 매너가 있다는 것을 조금 더 쉽게 이해하도록 우리 몸의 구멍 이야기로 접근해 보자.

With kids

엄마아빠와 함께하는
우리 몸의 구멍 찾기

아이들과 대화를 하기에 앞서 아이들에게 우리 몸의 구멍을 하나하나씩 찾아보게 하자.

How to talk 생각 나누기

우리 몸의 구멍들이 각각 어떤 역할을 하는지, 그 구멍들이 없다면 어떻게 될지 함께 생각해보자. **결론은 우리 몸에 없어도 되는 구멍은 하나도 없다는 것이다.** 그만큼 소중한 우리 몸의 구멍을 사용할 때는 지켜야 할 에티켓이 있는데 어떤 것들이 있을까? 어떻게 하면 매너 있게 사용할 수 있는지 같이 이야기를 나눠본다.

부모: 우리 몸엔 구멍이 있어. 어디 어디 있는지 같이 찾아볼까?
먼저 얼굴에서는 어디에 있지?
겉으로 보이지 않거나 눈에 잘 보이지 않는 구멍도 있대. 어디 있을까?
응가가 나오는 똥꼬, 바른말로는 항문이라고 해. 항문, 쉬가 나오는 성기 그리고 눈에 보이지 않지만 땀이 나오는 땀구멍도 있어.
이렇게 우리의 몸엔 눈, 코, 입, 귀, 땀구멍, 항문, 성기 등의 구멍이 있는데 먼저 입은 무슨 역할을 하고 항문은 무슨 역할을 할까?

아이들이 몸에 있는 구멍들을 충분히 인지한 것 같다면, 다음 스텝은 그 구멍들이 어떤 역할을 하는지 이해하도록 도와주어야 한다.

먼저 눈은, 사람이나 사물을 볼 수 있게 해주는 중요한 구멍이라는 것을 알려준다.

눈을 매너 있게 사용하는 방법은,

친구를 흘겨보지 않고 예쁜 눈으로 바라본다.

부모: ○○아 지금 뭐가 보여? 엄마가 보이지? 우리의 눈은 사랑하는 엄마도 볼 수 있게 해주고 우리 ○○이가 사랑하는 아빠랑 오빠, 동생도 볼 수 있게 해주고 또 길도 볼 수 있게 해줘서 길을 갈 수 있게도 해주고 아주 많은 일을 해. 만약에 눈이 없다면 어떻게 될까?

이렇게 눈은 우리에게 아주 소중하고 없어서는 안 될 꼭 필요한 것이야! 그렇다면 이렇게 소중한 우리의 눈을 사용할 땐 어떻게 해야 매너 있게 사용하는 것일까? 만약 소중한 우리 눈으로 친구를 흘겨본다면? 친구는 어떤 마음일까? 우리 ○○이는 엄마를 너무너무 사랑하는데 사랑하는 엄마가 우리 ○○이가 맘에 안 드는 행동을 했다고 해서 엄마의 소중한 눈으로 ○○이를 흘겨본다면 우리 ○○이는 어떤 마음일까?

* 바른 매너를 알려주기 위해 답을 유도할 때는 엄마가 먼저 관련된 질문을 하고 아이의 대답을 듣고 아이가 다시 한번 이해하기 쉽게 상대방의 입장이 되었을 땐 어떨지 생각해볼 수 있도록 질문한다.

부모: 속상하고 슬플 거야. 화가 나도 흘겨보지 않을 수 있어.

항상 예쁜 눈으로 바라볼 수 있어야 해.

다음으로 코는, 숨을 쉬고 냄새를 맡을 수 있는 구멍이라는 것을 알려준다.

코를 매너 있게 사용하는 방법은,

★ 콧물이 나올 땐, 휴지에 코를 풀고 코 푼 휴지는 바로 휴지통에 버린다.
★ 재채기가 나올 땐, 꼭 팔로 코와 입을 가리고 한다.
★ 콧속이 간지러울 땐, 먼저 휴지로 코를 풀고 그래도 답답할 때만 손을 깨끗하게 씻은 후에 콧속이 다치지 않게 살살 판다.
★ 코딱지는 휴지에 잘 싸서 버리고 코를 판 후에도 손을 깨끗하게 씻는다.

부모: 우리 몸엔 또 어떤 구멍이 있을까? 콧구멍이 있지. 무려 두 개나 되는데 코는 무슨 일을 할까? 숨도 쉬고 맛있는 냄새도 맡고 나쁜 냄새도 미리 맡아서 피할 수 있게 해줘. 그리고 감기에 걸렸을 때 '나 감기에 걸렸어요!' 하고 신호도 보내줘. 어떻게 신호를 보내줄까?

에이취 기침도 나오고 콧구멍에서 콧물이 나오지? 주르륵. 그런데 어떤 친구는 이 콧물을 훌쩍훌쩍 들이마시기도 하고 어떤 친구는 줄줄 흘러내리는 콧물을 그냥 둬서 코에 말라붙어 보이게 하기도 하고 어떤 친구는 손이나 옷으로 쓰윽 닦기도 해. 그걸 보면 어때 보여?

만약에 그 친구가 콧물 묻은 손으로 나를 만지거나 나에게 음식을 주면 나는 감기에 걸리고 말 거야. 재채기를 하거나 콧물이 나올 때 어떻게 해야 할까? 감기에 걸리면 재채기가 나오는데 그때 내 침과 콧물에는 감기에 걸리게 하는 세균이 엄청 많이 들어 있어서 이게 다른 사람한테 튀거나 묻으면 다른 사람도 감기에 걸릴 수 있어. 그래서 재채기가 나올 때는 얼른 팔로 입을 가리고 '에취~' 재채기를 해야 해. 그런데 손으로 입을 가리고 하는 건 안 될까? 왜 안 될까?
손으로 입을 가리고 재채기를 하거나 손으로 콧물을 닦으면 손에 감기 세균이 다 묻어서 그 손으로 여기저기 만지면 거기에도 감기 세균이 다 옮아간대. 그래서 팔로 가리고 해야 하는 거야.

코를 매너 없게 사용하는 건 뭐가 있을까? 엄마가 보니까 우리 ○○이가 자주 하는 게 있던데~
(코 파는 흉내를 내며)요거!
콧속이 답답하면 코를 파고 싶지. 또 콧속에서 코딱지를 빼고 나면 그게 신기하기도 하고 재밌기도 해서 또 자꾸 파고 싶기도 하지? 그런데 코를 팔 때도 지켜야 할 매너가 있어. 만약 코를 파는데 손이 더럽다면 어떻게 될까?

더러운 손으로 코를 판다면 세균이 콧속으로 들어가서 몸이 아프게 될 거야. 또 잘못하면 콧속에 상처가 날지도 몰라. 그래서 콧속이 답답하면 먼저 휴지로 코를 풀거나 그래도 답답하면 손을 깨끗이 씻은 다음 콧속이 다치지 않게 살살 파는 거야. 그러고 나서 판 코딱지는 어떻게 할까? 아무 데나 휙 버리거나 옷에다 닦을까?
휴지에 잘 닦아서 휴지통에 버려야 해. 그러고 나서 손톱 밑에 코딱지가 남을지도 모르니까 손을 비누로 잘 씻어야 하고!

입은, 말을 할 수 있고 음식을 먹을 수 있는 구멍이다.
그리고 입으로 하는 생리 현상에는 트림과 하품이 있다.

**트림이나 하품과 같은 생리 현상을 매너 있게 해결하고
소중한 입을 매너 있게 사용하는 방법은**

⭐ 예쁜 말을 한다.

⭐ 트림은 되도록 사람이 없는 곳에서 하고,
트림할 때는 입을 가리고 최대한 소리를 내지 않는다.

⭐ 실수로 트림을 했을 때는 '죄송합니다.'
하고 사과한다.

⭐ 다른 사람과 이야기할 땐 하품을 자제한다.

⭐ 어쩔 수 없이 하품이 나올 땐 재빨리 입을 가린다.

부모: 입을 매너 있게 사용하는 건 어떤 걸까?
입은 말을 할 때 사용하니까 예쁜 말을 하는 게 매너겠네. 근데 입은 또 먹을 때도 사용한다고 했지? 그럼 먹을 땐 입을 어떻게 해야 할까?
맛있게 먹는 것은 음식을 정성스럽게 만들어주신 분한테는 매너 있는 행동이야. 그런데 음식을 먹고 나서 꺼어억 하는 사람도 있어. 본 적 있지? 우리가 음식을 먹으면 뱃속에서 소화가 되면서 가스가 나오는데 그게 항문으로 나오는 걸 방귀라고 하고 입으로 나오는 걸 트림이라고 해. 그런데 방귀 뀌면 어때? 냄새 날 때가 있지? 다른 사람이 그 냄새를 맡으면 기분이 어떨까?
트림을 할 때나 방귀를 뀔 때는 다른 사람이 없는 곳에서 하려고 노력하거나 아님 트림은 입을 가리고 되도록 소리 안 내고 하려고 노력해야 해. 만약 나도 모르게 실수로 트림이 나오거나 방귀를 뀌게 되면 '죄송합니다.'라고 말해야 해.
우리가 입으로 매너 있는 행동을 할 수 있는 게 또 있어, 하품은 방귀나 트림처럼 나도 모르게 하게 되는 몸의 행동인데 하품을 할 때도 매너가 있어. 하품은 졸릴 때도 나오지만 뭐가 지루하고 재미가 없을 때도 나와. 그런데 만약 친구랑

있거나 다른 사람이랑 이야기하는데 내가 막 하품을 하면 다른 사람은 '어? 나랑 있는 게 재미가 없나 보다. 슬프다.'라고 생각할 수도 있지 않을까? 그리고 입을 벌리고 하품을 크게 하다간 파리나 다른 벌레들이 입안으로 쏘옥 들어가 버릴 수도 있어. 그럼 안 되겠지? 어떻게 해야 할까? 나도 모르게 나오려고 하면 재빨리 입을 가리는 게 매너야. 그런데 어떤 친구들은 하품할 때 '하아암' 하고 소리를 크게 내거나 '아아아아아' 하고 장난을 치는 친구도 있어. 그런데 이건 매너 있는 행동은 아니야. 우리 ○○이는 잘할 수 있을까?

Let's Do It!

- 코 풀기, 코 파기, 기침하기, 트림하기, 하품하기, 방귀가 나오려 할 때 매너 지키기

활동북_7p 올바른 생리 현상 처리법, 함께 짝을 맞춰보아요!   준비물_ 가위, 풀, 필기도구

03
씻기 싫어!
목욕하기 싫어!

▶▶ 씻기 매너

청결을 유지하는 습관은 아이가 꼭 배워야 할 기본 생활 습관 중 하나이다. 엄마 배 속에 있을 때 아이들은 양수 속에서 자랐기 때문에 대부분 물을 좋아한다. '물'을 좋아하는 아이들은 세수하고 목욕하는 것을 아주 즐거워하지만 유독 물을 무서워하거나 씻는 것을 싫어하는 아이들은 매일 씻기려 하는 엄마를 피해 이리저리 도망 다니기 일쑤이다.

우리 아이가 유독 씻는 것을 싫어한다면 청결의 즐거움을 가르쳐주는 것이 좋다. 우리 아이가 감각이 예민해 물이 피부에 닿는 것에 대해 거부감을 느끼는 것도 아닌 것 같은데 유독 물을 싫어한다면 분명 그만한 이유가 있을 것이다. 세수하다가 혹은 머리를 감다가 눈에 비눗물이나 수돗물이 들어가서 따가웠던 기억이 있거나, 물놀이 하다가 놀라거나 무서운 경험을 했다거나 하는 등의 좋지 않은 경험이 일종의 트라우마로 남아 있을 수도 있다. 이것을 부모가 먼저 이해해줘야 한다.

아이를 씻기기 위해서 강압적으로 야단을 치며 씻겨준다면 씻는 것에 대한 아이의 거부반응은 점점 더 심해질 것이다. **아이가 스스로 즐거움을 느낄 수 있**

도록 부드럽고 자연스러운 방식으로 도와주는 것이 좋다. 욕조에 물을 받아두고 엄마와 함께 물놀이를 해 본다거나 물놀이 장난감을 물에 띄워보며 물을 만져보고 탐색하는 놀이도 도움이 된다.

양치하기 싫어하는 아이 같은 경우 부교재를 이용하는 것도 좋다. 치아 모형의 완구를 직접 칫솔로 닦아보며 체험을 하는 것도 아이들이 자기의 치아의 어디를 구석구석 닦아야 하는지 아는 것에 도움이 된다. 치아를 깨끗이 닦지 않을 경우 어떻게 되는지에 대한 동영상 자료를 보여주는 것도 큰 도움이 된다.

`With kids`

엄마아빠와 함께 보는 그림책
씻는 것은 정말 싫어!

본격적인 활동에 앞서 **본책 224p**의 그림책을 아이에게 읽어주세요.

꼭 지켜야 할 씻기 매너

★ 외출 후 제일 먼저 할 일은 깨끗이 씻기
★ 씻을 때는 구석구석
★ 식사 후 바로 양치하기

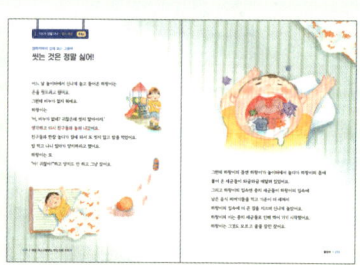

엄마아빠와 함께 보는 그림책
씻는 것은 정말 싫어!
224p

`Let's Do It!`

- 동영상(QR코드): 영상을 보며 아이들과 직접 바르게 손을 씻고 양치해 봅시다.

04
물은 소중한 거야!

▶▶▶ 물 사용 매너

씻기 싫어하는 세 아이를 씻기기 위해 처음 시도했던 방법은 '욕조 물놀이'였다. "이제 씻자."라고 말하면 "씻기 싫어요. 물에 젖는 거 싫어!"라고 땡깡을 부리며 요지부동이던 아이들이 "욕조에서 물놀이 하자."라고 하면 제 손으로 옷을 벗어 던지고 욕실로 뛰어 들어갈 만큼 확실한 방법이었기 때문이다.
그렇다고 매번 욕조에 물을 한가득 받아 아이들을 씻긴다는 것은 말도 안 되는 일이다. 그 수고로움과 수도세를 어느 부모가 감당할 수 있다는 말인가.

씻는 것의 필요성을 '씻기 매너'를 통해 배웠다고 해도 아이들에게 물놀이는 포기하기엔 너무 큰 즐거움이다. 그래서 찾은 차선책이 샤워기 꼭지에서 쏟아지는 물로 '폭포 놀이', '비 놀이'를 하며 씻기는 것이었다.
단순히 놀이에서 그칠 것이 아니라 이때 '물을 아껴 써야 한다는 것', '세제를 덜 사용해야 하는 이유' 등에 대한 교육이 함께 이루어져야 한다. 결국 근본적으로 우리 아이들이 배워야 할 것은 "물을 보호하고 오염시키지 않아야 한다." 이기 때문이다.
그렇다면, 어떻게 효과적으로 아이에게 물을 아껴 쓰는 방법을 알려줄 수 있을까?

`With kids`

엄마아빠가 들려주는
물 이야기

아이에게 들려주세요

샘의 꿈

안녕? 나는 저기 멀리 아프리카의 에티오피아라는 나라에 살고 있는 샘이야. 우리나라는 아프리카의 많은 나라들처럼 아주 더운 나라야. 그래서 나는 아주 얇은 옷을 입고 살아. 우리나라의 많은 사람들은 옷을 거의 입지 않기도 해. 그만큼 우리나라는 더워. 그래서 우리나라 사람들은 자주 씻고 마시기 위한 물이 많이 필요해.

그렇지만 우리나라는 비가 자주 오지도 않고 또 먹고 마시고 씻을 물을 만들어내기도 어려운 환경이라 물이 아주 많이 부족해. 우리 동네에선 물을 구하기가 어려워서 나는 매일 7시간에서 8시간 정도 걸리는 길을 걸어서 물을 길러오곤 해. 어떤 날은 하루에 두 번을 다녀오기도 해. 물이 무겁기도 하지만 다리가 너무 아파서 눈물이 날 때도 있어. 그렇지만 어쩔 수 없어. 아빠는 우리가 먹을 음식을 사기 위해 돈을 벌러 나가셔야 하고 엄마는 아파서 집에서 누워 계셔야 하고, 동생은 너무 어려서 갈 수가 없거든.

네가 살고 있는 나라에선 물 구하기가 쉽니? 그런데 그거 아니? 지구가 우주에서 보면 파란데, 파란 이유가 지구의 대부분이 바다이기 때문이래. 그렇지만 바닷물은 너무 짜서 우리가 먹고 마실 수가 없어. 게다가 지구는 점점 오염되고 있고 사람들은 점점 늘어나고 있기 때문에 사람들이 사용할 수 있는 물은 점점 줄어들고 있대. 만약에 네가 사는 나라에서도 물이 부족해서 구하기가 어렵게 된다면 어떨 거 같니? 물이 없는 걸 상상해 본 적 있니? 물이 없다면 먹고 마실 수가 없고, 씻을 수도 없고, 식물도 자랄 수 없고, 동물도 살 수가 없을 거야.

만약 지구에 사는 모든 사람들이 물이 부족해서 힘든 나와 우리 가족을 위해 그리고 지구를 위해 물을 아끼고 깨끗이 사용해 준다면 우리 가족도 더 이상 그 먼 길을 걸어가서 물을 구하지 않아도 될 거야. 나와 우리 가족, 그리고 지구를 생각해서 물을 깨끗이 아껴 써 줄 수 있겠니?

How to talk 생각 나누기

아이들에게 물을 아껴 쓰는 방법에 대해 가르치기 전에, 아프리카와 같은 물 부족 국가에 사는 또래 아이들이 얼마나 힘들게 물을 얻으러 다녀야 하는지 아이들이 공감할 수 있도록 유도하고, 물을 아껴 쓰지 않으면 우리도 그 아이들처럼 힘들게 살아가야 할지도 모른다는 알려주어야 한다.

물을 아껴 쓰려면 어떻게 해야 할까?

⭐ 비누칠할 땐 꼭 수도꼭지를 잠그고 한다.
⭐ 양치를 할 때는 물을 컵에 받아서 쓴다.
⭐ 욕조에 물을 받아서 씻는 것은 가끔만 한다.
⭐ 씻을 때 비누를 조금만 쓰고, 천연샴푸나 적당량의 샴푸만 사용해 물을 덜 오염시킬 수 있도록 한다.

부모: 우리 ○○이, 샘의 이야기 잘 들었지? 샘은 아프리카의 에티오피아라는 나라에 살고 있어. 에티오피아는 어떤 나라야?
덥고 물도 별로 없는 곳이라서 매일매일 아주 먼 길을 걷고 또 걸어서 너무너무 힘들게 물을 구해 와야 했어. 너무 힘들어서 눈물이 날 때도 있었고. 우리 ○○이가 만약에 샘이라면 어땠을까?

그런데 우리나라도 물이 부족해서 물을 마음껏 쓰지 못하는 곳들이 있대. 어쩌면 머지않아 우리 집도 물이 부족해서 먹고 쓸 물이 부족한 때가 올지도 몰라. 우리 어떻게 해야 할까?

물을 아껴 쓰고 또 오염되지 않도록 깨끗하게 써야 해. 어떻게 하면 물을 아껴 쓸 수 있을까? 비누칠할 땐 꼭 수도꼭지를 잠그고 해야 해. 양치할 때도 물을 컵에 받아서 써야 해. ○○이가 좋아하는 욕조에서 물놀이 하는 것은 물을 아끼는 방법일까?
물놀이는 아주 즐겁지만, 너무 자주 하게 되면 그것두 물을 함부로 쓰는 게 돼. 그러니까 너무 자주 하지 않는 게 좋겠지?

그럼 이제 물을 오염시키지 않도록 깨끗하게 사용하려면 어떻게 해야 할까? 씻을 때 비누를 조금만 쓰기도 하고 머리 감을 때 물을 덜 오염시키는 천연샴푸를 쓰거나 샴푸를 너무 많이 쓰지 않고 적당히 쓰는 것도 물을 오염시키지 않는 방법이야. 엄마도 설거지나 빨래할 때 마찬가지로 세제를 조금만 써야 하고.
우리 오늘부터 물을 아끼면서 잘 사용할 수 있도록 같이 노력해볼까?

Let's Do It!

- 물 아껴 쓰기 포스터 만들기

활동북_9p 포스터 만들기 키트 활용   준비물_ 색연필, 사인펜, 가위, 풀

05
지금 자기 싫어!
혼자 잘 수 있어요.

▶ 잠자리 매너

우리나라는 전통적으로 부모와 아이가 함께 잔다. 하지만 옆에 끼고 자던 아이들도 일정 시기가 되면 잠자리 독립을 해야 한다. 적절한 시기에 잠자리를 분리하는 것은 아이의 독립성과 부부관계를 위해 무척 중요한 일이기 때문이다.

잠자리 독립에 대해 동양과 서양의 의식 차이는 크다. 서양에서는 아이를 데리고 자는 일을 바람직하지 않게 여기기 때문에 아이가 태어나면서부터 다른 방에서 재운다. 하지만 우리나라에서는 전통적으로 엄마 품에서 팔베개를 해 아이를 재우는 것이 보편적이었다. 지금도 아이들이 어릴 때는 부모가 데리고 자는 경우가 많은데, 일정 시기가 되면 부모들은 갈팡질팡하게 된다. 따로 재우자니 안쓰럽고, 같이 데리고 자자니 교육상 좋지 않은 것 같아서다.

전문가들은 아이들이 대소변을 가리거나 밤에 혼자 일어나 소변을 볼 수 있을 때 잠자리 독립을 시작해도 좋다고 말한다. 물론 갑작스러운 변화는 좋지 않다. 독립을 위해 시간을 두고 천천히 설명하고 연습하는 기간이 필요하다. 아이가 자발적으로 받아들이기만 한다면 연령에 구애받지 않고 그 시기를 택할 수도 있다. 새로운 환경에 익숙해지는 데는 한두 달 정도면 적당하다. 적응하는 동안에는 낮 시간에 아이를 더 자주 안아주고 같이 놀아주도록 노력한다. 부모와 함께 자던 아이는 접촉과 포옹에 익숙해져 있기 때문에 혼자 자게 되면 무의식적으로 이런 자극을 그리워하게 된다. 낮 시간에 이런 욕구를 충족시켜주고 특히 잠들기 전과 아침에 일어났을 때 더욱 신경 써야 한다.

💙 아이의 잠자리 독립을 위해서는 먼저, 부모와 떨어져 혼자 자기 전에 특별한 계기를 마련하는 것이 좋다.

이사하면서 아이의 방을 마련해준다거나 새 침대나 책상 등이 들어올 때를 시작점으로 잡는 것도 좋다. 이때 독립성에 관해 설명하고 따로 자는 것에 대해 긍지를 갖게 하면 아이는 혼자 자는 것을 좀 더 쉽게 받아들이고 어른스러워질 수도 있다. 자아 발달을 위해서라도 보통 서너 살 이후에는 따로 재우는 방향으로 노력하고, 늦어도 초등학교 들어가기 전까지는 완성하는 것이 바람직하다. 부모와 떨어져 자는 것을 계기로 자신의 방 정리도 스스로 하도록 교육하는 것이 좋다.

💙 둘째, 잠들기 전에 일관된 준비 과정을 만든다.

아이들은 일관된 일상에서 안전하고 편안하다는 느낌을 받기 때문에 아이들에게 어떤 기준이 항상 같은 모습으로 존재한다면 아이들은 안정감을 느끼고 이를 쉽게 받아들인다. 아이들의 이런 심리를 이용하면 잠들기 전 준비 과정을 거쳐 자연스럽게 잠으로 이어질 수 있게 할 수 있다. 준비 과정이라고 해서 특별한 것은 아니다. 양치하고 잠옷으로 갈아입는 것, 책을 읽거나 이야기를 들려주는 것은 준비 과정으로 좋은 예시가 된다. 책이나 이야기는 자연스럽게 잠을 유도할 뿐만 아니라 지능을 계발하는 데 도움이 되는 가장 평화롭고 즐거운 방법이다.

요즘 아이들의 특징 중 하나는 수면 시간이 늦어지고 짧아졌다는 것이다. TV나 미디어가 발달하지 않아서 저녁 9시면 잠을 자는 게 일반적이었던 과거와 달리 지금은 10시 이전에 잠드는 아이들이 거의 없을 정도다. **아이들이 어른들과 함께 자게 되면 대부분 어른의 취침 시간에 맞춰지게 된다.** 밤 10~11시까지 깨어 있는 아이들은 에너지가 넘치는 것처럼 보여도 과열된 상태로 놀고 있는 것이다. 이는 결국 보채거나 과잉 행동을 보이는 방식으로 나타난다. 부모는 아이가 자야하는 시간을 취침 시간으로 정하고 아이도 이를 인식할 수 있도록 도와야 한다. 잠자리 독립에서 쉽게 간과하는 것 중 하나가 수면의 질이다. 어른들의 경우 8시간의 수면이면 충분하지만, 아동기에는 10시간 이상 잠을 자야 한다. 이렇게 수면 사이클이 다를 때는 잠자리를 분리하는 것이 서로의 숙면을 위해 좋다.

With kids

엄마아빠와 함께 보는 그림책
달님! 같이 놀아요!

본격적인 활동에 앞서 **본책 228p**의 그림책을 아이에게 읽어주세요.

How to talk 생각 나누기

그림책을 읽어준 후 아이들과 잠을 자야하는 이유에 대한 이야기를 나누면 좋겠다. 잠을 자지 않으면 피곤해서 다음날 활동하는 데 지장이 생긴다는 것을 아이들이 이해할 수 있도록 도와주자.

부모: 우리 ○○이도 잠자는 게 아쉽고 싫어?
만약에 우리 ○○이가 엄마랑 계속 놀고 싶어서 잠을 자지 않는다면 엄마는 잠이 오는 걸 참지 못하고 잠들어서 우리 ○○이 혼자 놀아야 할지도 몰라.
또 다음날 유치원에 가서도 친구들은 신나게 노는데 우리 ○○이는 졸려서 잘 놀지도 못할 거야. 식물도, 동물도, 사람도 모두 놀 땐 신나게 놀고 잘 땐 푹 자야 몸도 더 건강해지고 튼튼하게 자랄 수 있어. 그러니까 우리 ○○이도 잘 시간이 되면 더 놀고 싶어도 푹 자야 해.

아이가 혼자 자는 환경이나 무서운 꿈을 무서워한다면, 아이의 긴장을 풀어주어야 한다.
부모: 어떨 땐 깜깜한 어둠이 무서울 때도 있고 꿈에서 무서운 괴물이 나와서

무서울 때도 있지? 그렇지만 아무리 깜깜해도 우리 집엔 괴물이나 다른 무서운 것들을 다 물리칠 수 있는 엄마아빠가 늘 우리 ○○이가 잘 때 ○○이를 지켜주고 있으니까 무서워하지 않아도 돼! 그리고 꿈은 깨어나면 다 사라지니까 그것도 아무 걱정할 필요 없어.

아이가 혼자 잘 준비가 어느 정도 되었다면, 이제 잠들기 전 해야 할 일에 대해 알려주어야 한다. 자기 전에 해야 할 일 다섯 가지는 반드시 숙지시켜주자.

⭐ 잘 시간 정하고 제때 자기
⭐ 자기 전에 소변보기
⭐ 자기 전에 굿나잇 인사하기
⭐ 일어나서 이부자리 정리 스스로 하기
⭐ 일어난 후 아침 인사하기

부모: 우리 ○○이 자기 전에 꼭 해야 할 게 있지?
자기 전이나 아침에 자고 일어나면 엄마아빠랑 잠시 떨어져 있다가 다시 만나는 거기 때문에 인사를 해야 해. 자기 전에는 '안녕히 주무세요.' 하고 인사하고 일어나서는 '안녕히 주무셨어요.' 하고 인사하는 거야.

그리고 어떤 친구는 자다가 이불에 쉬~하고 소변을 보는 경우도 있어. 그러지 않으려면, 엄마아빠께 인사를 한 후에 화장실에 가서 쉬를 꼭 하고 푹 자면 돼.

푹 자고 일어난 후엔 엄마아빠께 다시 '안녕히 주무셨어요.' 인사를 하고 스스로 이불 정리도 할 줄 알아야 해. 우리 같이 이불 정리하는 법을 알아볼까?

엄마아빠와 함께 보는 그림책
달님! 같이 놀아요!
 228p

Let's Do It!

- **침대 정리, 이불 개기**
  아이와 충분히 이야기를 나눈 후엔 실제로 침대를 정리하거나 이불을 개보며 정리 방법을 몸으로 익힐 수 있도록 한다.

  활동북_11p 잠자기 순서 정하기   준비물_ 가위, 풀

06
나는야 톱스타, 톱모델!
엄마는 사진작가! 우리 집은 런웨이, 무대!

▶◀ 바른 자세 매너

쩍벌남, 쩍벌녀를 들어본 적 있는가? 쩍벌남은 '다리를 쩍 벌리고 앉는 남자'의 준말로, 대중교통에서 다리를 넓게 벌리고 앉아 다른 자리를 침범해 옆 사람을 불편하게 하는 행위를 하는 사람을, 쩍벌녀는 '다리를 쩍 벌리고 앉는 여자'의 준말로, 대중교통 등에서 치마를 입고 다리를 넓게 벌리고 앉아 속옷을 노출함으로 다른 사람을 불편하게 하는 행위를 하는 사람을 말한다.

쩍벌남을 옹호하는 사람들은 '남자의 신체 특성상 어쩔 수 없다.'고 하고 쩍벌녀를 옹호하는 사람들은 '남자는 되는데 여자는 왜 안 되는 거냐.'라고 한다. 하지만 두 부류 모두 나만 생각하고 남을 배려하지 않는 행위를 하고 있다는 것을 간과하고 있는 듯하다. 그래서 최근엔 그 두 부류를 참지 못하고 응징하는 모습들을 심심치 않게 목격하기도 한다. 내 아이가 쩍벌남, 쩍벌녀가 되길 원하지 않는다면 지금부터 앉을 때의 바른 자세 매너를 알려주자.

앉거나 걷는 자세 등 자세는 몸으로 체득되는 것이기에 이미 몸에 나쁜 자세가 체득된 후엔 고치기 어렵다. 특히 아이의 성장을 위해서도 바른 자세는 굉장히 중요하다. 아이들은 성인보다 뼈가 유연하고 뼈 성장이 지속적으로 이어지기 때문에 나쁜 자세가 반복되면 척추와 골반이 구부러지고 휘어지며 정상적으로 성장하기 어려울 수 있다. 척추가 휘어지면 상체가 덜 자라게 되고 전체적인 척추의 밸런스가 깨져 성장에 가장 중요한 골반과 무릎의 성장판에 정상적인 자극이 가지 않는다. 한편, 곧고 반듯한 자세는 집중력과 자신감을 높이는 데 좋은 영향을 준다.

`With kids`

엄마아빠와 함께 보는 그림책:
꼬부랑 할아버지가 된 하랑이

본격적인 활동에 앞서 **본책 232p**의 그림책을 아이에게 읽어주세요.

`How to talk` 생각 나누기

쩍벌남, 쩍벌녀 사진을 보여주고 아이에게 어떤 생각이 드는지 물어보자. 내가 편하자고 다리를 벌리고 앉으면 다른 사람들이 불편해할 수 있다는 것을 아이가 깨달아야 한다.

 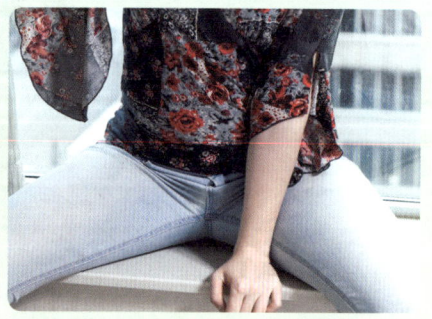

부모: 이 사진들 보니 어때? 이 아저씨처럼 다른 사람들과 다 같이 앉는 자리에서 혼자 이렇게 다리를 쫙 벌리고 앉으면 다른 사람들이 많이 불편하겠구나. 그런데 이 아저씨는 왜 이렇게 다리를 벌리고 앉았을까?

아마도 이 아저씨는 이렇게 앉는 게 편해서 그런가 봐. 그래도 나 혼자 앉는 것도 아니고 다른 사람들이랑 다 같이 사용하는 의자에서 이렇게 하면 다른 사람이 불편하니까 다리를 오므리고 앉아야 해.

이 언니(누나)는 왜 이렇게 앉았을까?
편하려고 그럴 수도 있고 매너를 몰라서 그럴 수도 있어. 그런데 만약 치마를 입고 다리를 벌리고 앉으면 어떻게 될까?
속옷이 보일 수도 있는데 그것도 매너는 아니야. 우리 지난번에 우리 몸의 구멍에 대해 배웠지? 우리 몸의 구멍은 소중하고 특히나 속옷으로 보호해야 하는 구멍들은 더 소중한 거니까 남한테 함부로 보여주는 게 아니라고. 아무리 속옷을 입었다고 해도 그 위에 옷을 또 입어서 속옷조차 절대 다른 사람들한테 함부로 보여주면 안 되는 건데 치마 입고 다리를 벌리고 앉으면 속옷이 보여 버리겠지?

앉을 때는 이 아저씨처럼, 이 언니처럼 앉으면 안 돼. 남자도 여자도 모두 앉을 때의 매너가 있어. 어떻게 앉아야 매너 있는 걸까?

⭐ 앉을 때나 서 있을 때나 허리와 어깨는 쫙 펴야 한다.
⭐ 앉을 때 다리는 오므리고 꼬지 않는다.
⭐ 실내에서는 쿵쾅쿵쾅 걷지 않고 살살 걷는다.
⭐ 걸을 때는 신발이 닳지 않도록 또박또박 걷는다.

척추가 무엇인지, 얼마나 중요한지를 먼저 알려주고 바른 자세 매너에 대한 교육을 진행하면 좀 더 효과적일 것이다.

부모: (앞의 그림을 보여주며) 두 친구 중 앉아 있는 모습이 더 멋지고 바른 것 같은 친구는 누구야?

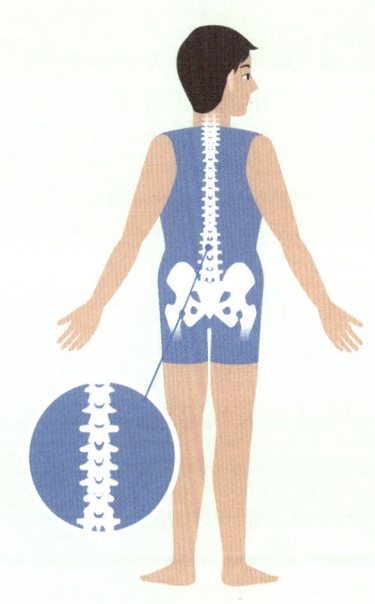

우리 몸엔 우리 몸의 구멍처럼 소중한 게 또 있는데 바로 척추라는 이 등에 있는 기다란 뼈야. 손을 뒤로 해서 만져보면 만져질 거야. 이 척추라는 뼈는 우리 몸을 앉아 있을 수도 있게 해주고 서 있을 수도 있게 해주고 걸을 수도 있게 해준대. 이게 없다면 몸을 잡아주고 지탱해주는 게 없어서 흐물흐물 앉을 수도 서 있을 수도 걸을 수도 없을 거야. 그런데 이 척추라는 뼈는 바르게 자라면 우리 키가 크는 데도 도움을 주고 바르게 자라는 데도 도움을 주는데 우리 ○○이처럼 어린아이들은 아직 척추가 자라고 있기 때문에 어떤 자세로 있는지에 따라 그대로 자란대. 이 친구처럼 (왼쪽 친구를 가리키며) 구부정하게 앉거나 서거나 걸으면 척추도 구부정하게 자라서 나중에 바르게 활짝 펴고 싶어도 펼 수가 없어.

그러면 안 되겠지? 앉을 때도 서 있을 때도 중요한 건 허리를 쫙 어깨도 쫙 펴는 거야. 그럼 키도 바르게 크고 더 자랄 수 있어.

그다음엔 다리를 아무렇게나 벌리고 앉지 않고 양다리를 모아서 오므리고 앉는 거야. 어떤 친구들은 다리를 어른들처럼 이렇게 꼬고 앉는 친구들도 있는데 이러면 엉덩이가 틀어져서 틀어진 채로 그대로 자라게 돼. 엉덩이가 틀어지면 어떨까? 보기 좋을까? 엉덩이가 틀어지면 척추에도 영향이 가서 척추도 따라서 틀어져 버리게 돼.

바르게 앉고 서는 법에 대한 생각 나누기가 끝나면, 걸을 때 지켜야 할 매너에 대한 이야기를 나누어 보자. 아이들이 집이나 교실에서 쿵쾅거리며 걸어서 난처했던 적이 한두 번이 아닐 것이다. 실내에서 걷는 방법과 실외에서 걷는 방법이 분명히 다르다는 것을 알려주고, 그 이유에 대하여 아이가 알아들을 수 있도록 충분히 설명해 주어야 한다.

부모: 그런데 우리 앉을 때나 서 있을 때만 매너 있게 앉으면 될까? 또 언제 매너가 있어야 할까? 걸을 때는 어떨까? 어떻게 걸어야 매너 있는 걸까?
집안에서나 교실 안에서는 살금살금 걷는 게 매너야.
쿵쾅쿵쾅 걸으면 어떻게 될까?

교실에서 친구들이 놀고 있거나 공부하는데 내가 쿵쾅쿵쾅 걸으면 친구들이 방해될 거야. 그럼 집에서 살금살금 걷지 않고 쿵쾅쿵쾅거리면?
아랫집 사람이 조용히 쉬는 데 방해가 될 거야. 대신 밖에서는 또박또박 걸어야 해. 어떤 친구는 길을 걷는데 자꾸 앞을 안 보고 뒤를 보거나 옆을 보고 걸어. 그럼 어떻게 될까?

앞을 안 보고 걸으면 길에서 넘어지거나 사람이나 벽 같은 데에 부딪혀서 다칠 수도 있어. 길을 걸을 땐 항상 앞을 잘 보고 또박또박 걸어야 해. 또박또박 걸어야 하는 이유는 또 있어. 우리 ○○이 이번에 엄마가 예쁜 구두를 사줬는데 구두를 신고 또박또박 안 걷고 신발을 질질 끌면서 걷거나 구두를 제대로 안 신고 구겨 신으면 신발이 어떻게 될까?

구두 굽이 다 닳고 망가져서 금세 못 신게 될 거야. 그럼 이제 우리 예쁜 자세, 매너 있는 자세 배워 봤으니까 엄마랑 텔레비전에 나오는 멋진 언니 오빠처럼 예쁜 자세하고 사진 찍기 놀이해 볼까? 멋지게 걷고 예쁜 자세를 할 수 있으면 모델이란 직업도 할 수 있는데 모델들은 예쁜 옷을 입고 멋진 자세로 걸으면서 패션쇼라는 걸 해. 지난번에 날씨랑 상황에 따라 옷 입는 매너 배웠지? 우리 오늘 날씨에 맞는 멋진 옷을 입고 패션쇼를 한번 해볼까?

Let's Do It!

● **우리 집은 런웨이! 패션쇼를 준비해요.**
집에서는 마스킹 테이프로 런웨이를 만들어주고 스스로 옷을 골라 입게 하고 선글라스나 모자 등의 소품도 이용하여 모델 포즈하며 사진 찍기 놀이를 해본다. 부모랑 아이 번갈아 가면서 하면 더 좋겠다.

준비물_ 마스킹 테이프, 스마트폰이나 카메라

07
밥상머리 예절이 뭐예요?

▶◀ 식사 매너

'흘리고 먹지 마라, 다리 떨지 마라, 젓가락질이 그게 뭐니?, 밥알을 세면서 먹는 거니?' 등등. 우리는 어려서부터 밥상에서 이런저런 잔소리 아닌 잔소리들을 들으며 커왔다. 지금과 비교해보면 제법 '엄한' 밥상머리 예절을 익히면서 자란 것이다. 오죽하면 밥상머리 예절이라는 말이 있을까.

하지만 지금의 우리 아이들은 어떤가, 우리는 아이들에게 어떤 밥상머리 예절을 가르치고 있는가. 요즘 아이들 중 많은 아이들이 어른이 먼저 숟가락을 들 때까지 기다려야 한다는 것을 모른다. 밥 먹기 전, 밥을 다 먹고 난 후 감사 인사도 마찬가지다. 그저 잘 먹어주는 것만으로도 고맙다며 아이들을 쫓아다니며 입을 벌리게 하고 먹여주고 있는 부모가 대부분일 것이다. 모 유아교육 기관이 조사한 바에 의하면 밥상머리 예절 즉 식사 매너의 중요성을 인지하고 신경을 쓰고 있는 부모는 자그마치 95% 이상인 것으로 나타났다. 그럼에도 불구하고 매일같이 밥상머리에서 전쟁 아닌 전쟁이 벌어지는 이유는 제대로 습관을 들이지 못해서 즉, 습관을 들이는 '방법'을 몰라서가 아닐까 싶다.

아이들이 보다 재미있고 쉽게 이해하며 스스로 매너 있게 식사하고 싶어 하도록 퀴즈를 풀어보게 하자.

`With kids`

엄마아빠와 재미있게 풀어보는
식사 매너 퀴즈

그림을 보고 맞춰보아요! **활동북 15p** 그림 카드 활용

Q 밥 먹기 전에 해야 할 것은 무엇일까요?

힌트

정답 손 씻기!

설명 우리 몸에서 가장 많이 사용하는 곳은 어딜까? 바로 손이야. 문을 열 때도 의자를 뺄 때도, 식탁에 앉을 때도 우리는 손을 가장 많이 써. 그런데 세균은 세상 모든 곳, 우리가 만지는 모든 것에 있어. 그래서 손에는 늘 세균이 묻어 있기 때문에 손은 자주 씻을수록 좋고 특히나 음식을 먹기 전엔 손을 꼭 씻어야 해. 그렇지 않으면 우리 손에 묻은 세균이 숟가락 젓가락을 통해 우리 입속으로 들어가 '아얏 배 아파!' 우리 몸을 아프게 할 수 있거든.

Q 밥은 누가 가장 먼저 먹어야 할까요?

힌트

정답 가장 나이가 많은 어른

설명 다른 사람들과 밥을 먹을 땐 가장 나이가 많은 어른이 먼저 드시고 난 후에 나이가 어린 사람들이 먹는 게 매너야. 어른은 우리를 보살펴 주시고 가르쳐주시는 고마운 분들이기 때문에 그분들이 먼저 드시길 기다리는 것이 사랑하는 마음을 표현하는 방법인 거야.

Q 밥 먹기 전과 후에 해야 할 말은 무엇일까요?

힌트

정답 밥 먹기 전에는 "감사히 잘 먹겠습니다." 밥 다 먹고 난 후에는 "(맛있게) 감사히 잘 먹었습니다."

설명 나와 가족을 위해 정성 들여 밥을 해주신 엄마아빠께 감사한 마음을 담아 밥 먹기 전에는 "감사히 잘 먹겠습니다." 그리고 밥을 다 먹고 나서는 맛이 있든 없든 "감사히 잘 먹었습니다."라고 인사를 하는 게 매너야.

Q 밥 먹을 때는 어떤 자세로 먹어야 할까요? 그리고 그 이유는 무엇일까요?

힌트

정답 허리를 쭉 펴고 바른 자세로 먹는다.

설명 구부정한 자세로 먹으면 음식이 소화가 되기 위해 가야 하는 '식도'라는 음식 길을 가다가 막혀서 체할 수가 있기 때문에 허리를 쭉 펴고 바른 자세로 앉아서 먹어야 해. 그래야 음식이 음식 길을 잘 넘어가서 소화도 잘 되고 몸도 건강해질 수 있어.

Q 밥 먹을 때 절대 보여선 안 되는 것은 무엇일까요? 그 이유는 무엇일까요?

힌트

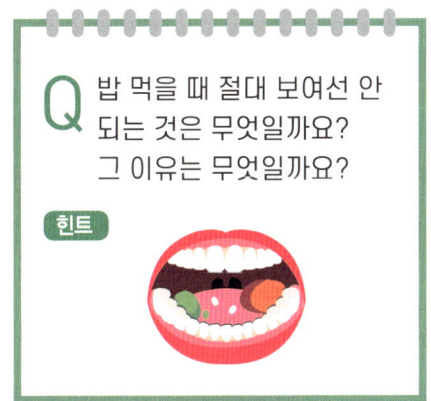

정답 내 입안 음식물

설명 우리 ○○이는 다른 사람이 나 이거 먹는다고 하면서 입을 '아~'벌리고 입안에 씹다 만 음식들을 막 보여주면 좋겠어? 아 더러워~ 그치? 입안의 음식들이 보이지 않으려면 밥 먹을 때 말하지 않고 꼭 말할 것이 있을 땐 음식을 다 씹어 삼킨 후 얘기해야 해. 또 밥 먹을 때 말을 하면서 먹으면 입안의 음식들이 튀어 나갈 수도 있으니까 밥 먹을 땐 되도록 말을 하지 않고 꼭 필요한 말만 해야 해.

CHAPTER Ⅰ. 의식주 생활 매너 | 67

Q 밥 먹을 때 좋아하는 음식만 먹고 싫어하는 음식은 안 먹으면 어떻게 될까요?

힌트

정답 몸이 아프고 튼튼하게 잘 자라지 못해요.

설명 모든 음식에는 우리 몸이 건강하고 튼튼하게 자라는데 필요한 영양소가 들어있는데 음식을 가려 먹으면 필요한 영양소를 먹지 못해서 몸이 약해지거나 아플 수도 있고 잘 자라지 못할 수도 있어. 그래서 음식은 무엇이든지 골고루 먹어야 해.

Q 음식을 남기면 어떻게 될까요?

힌트

정답 음식을 만든 엄마, 곡식을 기른 농부, 어부 아저씨가 슬퍼하고, 남은 음식 쓰레기 때문에 지구가 더러워지고 오염 돼서 지구가 아프게 될 거예요. 그래서 우리는 밥을 남기지 말고 감사한 마음으로 깨끗이 먹어야 해요.

Q 밥은 정해진 시간 안에 먹어야 할까요, 늦게 먹어도 될까요?

힌트

정답 밥은 제때, 정해진 시간 안에 먹어야 해요.

설명 늦게 먹게 되면 친구들은 밥을 다 먹고 노는데 나 혼자 늦어서 같이 놀지 못할 수도 있고, 밥 먹고 어딘가를 가야할 때는 약속 시간에 늦을 수도 있어. 그러니까 밥을 먹을 땐, TV를 보거나 딴짓을 하면서 먹는 둥 마는 둥 하면 안 되고 밥을 먹는 것에 딱 집중해야 해.

Q 다 먹은 그릇은 어떻게 해야 할까요?

힌트

정답 내가 먹은 그릇은 내가 치워요.

설명 개수대나 엄마아빠가 두라고 한 곳에 두면 엄마아빠가 설거지하는데 도움을 드릴 수가 있어.

올바른 식사 매너, 어떤 것이 있을까요?

⭐ 식사 전에 손 씻기
⭐ 어른 먼저 드시고 난 후 먹기
⭐ 밥 먹기 전과 후에 감사 인사하기
⭐ 밥 먹을 때 돌아다니지 않고 바른 자세로 앉아 집중하며 먹기
⭐ 입안에 음식이 든 채로 말하지 않고 다 씹은 다음 필요한 말만 하기
⭐ 옆 사람에게 방해되지 않게 적당한 거리 두고 밥 먹기
⭐ 정해진 시간 안에 먹기
⭐ 음식은 남기지 않고 감사한 마음으로 다 먹기
⭐ 다 먹고 난 그릇 개수대로 가져다드리기

CHAPTER
II

안전 매너

01
우당탕탕 문 부서지겠어!
앗 손이 문에 꼈어!

🚪 문 매너

우당탕 쾅! 아이고 깜짝이야.
"이 녀석들아 문 부서지겠다! 문 좀 살살 닫고 놀아!"
모처럼 온 가족이 다 모인 주말 아침, 늦잠을 자볼까 했는데 아이들의 뛰어노는 소리와 어머니의 고함에 잠이 깼다. 문이 부서지는 것도 안 될 일이지만 저러다 문에 손이라도 껴서 다치기라도 하면 어쩌나 싶은 걱정이 들었다.

보건복지부가 운영하는 보육 포탈에 따르면, 어린이집에서 신고한 안전사고 횟수가 2011년부터 매해 증가하는 추세라고 한다. 그중 친구들끼리나 벽, 혹은 문 등에 부딪히는 비중이 45.2 %, 문에 끼여 손이 절단되는 등 끼임 사고가 3.9%에 이른다고 한다.

어린이집 안전사고 유형별 비중(2011~2015년)
(출처 : 보건복지부)

그런데 이 사고들의 원인에 대해서는 유아의 부주의가 가장 큰 원인인 것으로 보고됐다.

사고원인 분석에서 유아 부주의는 71.4%, 아동 간 다툼이 11.4%로 대부분을 차지했지만, 보육교사 즉, 어린이집 종사자의 부주의는 4.2%, 시설물에 문제가 있었다고 보고된 경우는 0.6%에 불과했다.

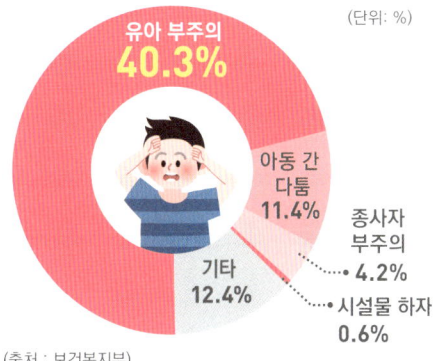

❗ **어린이집 안전사고 원인**
(2011~2015년, 복수 집계)

(단위: %)

- 유아 부주의 40.3%
- 아동 간 다툼 11.4%
- 종사자 부주의 4.2%
- 시설물 하자 0.6%
- 기타 12.4%

(출처 : 보건복지부)

어린이의 특성상 부주의한 것은 당연하지만 보호자가 있어도 눈 깜빡할 사이에 사고가 발생할 수 있으니 미리 방지하기 위해서라도 스스로 바른 습관을 익힐 수 있도록 지도해야 한다.

With kids

엄마아빠와 함께 보는 그림책 :
무매너씨의 문 사용법

본격적인 활동에 앞서 **본책 234p**의 그림책을 아이에게 읽어주세요.

How to talk 생각 나누기

문은 우리의 일상 속에 없어서는 안 될 꼭 필요한 것이다. 그런데 우리 아이들은 아직 문이 왜 필요한지 잘 모를 수 있다. 문을 매너 있게 사용하는 법에 대한 교육에 앞서 문이 우리에게 왜 필요한지 아이들 스스로 생각해 볼 수 있게끔 질문을 던져보자.

부모: 그림책 보니까 어떤 생각이 들었어? 오늘은 문을 바르게 사용하는 방법들에 대해 알아볼 거야. 문은 왜 필요할까?

문이 없으면 도둑이 들어올 수도 있고 또? 겨울이나 여름엔 어떨까? 겨울엔 춥고 여름엔 모기가 잔뜩 들어와서 우리들은 모기에 물려서 가렵고 아프고 너무 힘들 거야. 그래서 문은 꼭 필요해.

문의 필요성에 대한 생각 나누기를 마쳤다면 이제 다양한 종류의 문에 따라 안전하게 사용하는 방법이 어떻게 다른지 활동북 19p의 여러 가지 문 모양 카드를 보여주며 이야기를 나눠보자.

문을 안전하게 사용하려면 어떻게 해야 할까요?

⭐ 문 열고 닫기 전에 손이나 다른 사람 확인하기
⭐ 문은 항상 살살 닫기

부모: 아까 책을 보니까 문이 종류가 아주 많았지? 어떤 문들이 있었지? 열고 들어가는 문, 옆으로 미는 문, 빙글빙글 돌아가는 회전문, 자동으로 열리는 자동문 등 문은 종류도 여러 가지야. 그런데 이런 문들은 여닫는 방법이 다르기 때문에 지켜야 할 매너도 조금씩 달라.

*여닫이문 카드 보여주기

먼저 열고 들어가는 여닫이문을 이용할 때는 어떤 매너를 지켜야 할까? 어떤 문을 이용하든지 제일 조심해야 할 건 손이나 옷이나 혹은 다른 사람이 문에 끼이거나 부딪히지 않도록 조심해야 해. 그러려면 문을 열기 전에 문 앞에 누가 있을지도 모르니까 여닫기 전에는 혹시 뒤에 누가 오고 있지는 않은지 확인하고 누가 뒤에 따라오고 있으면 문을 열고 기다려줘야 해. 안 그럼 뒤에 오는 사람이 문에 쿵 부딪힐 수가 있거든.

*미닫이문 카드 보여주기

그리고 옆으로 밀어서 열고 닫는 문은 미닫이문이라고 하는데 이런 문 본 적 있어? 창문이나 베란다 문은 미닫이문일 경우가 많지. 이런 문들을 이용할 땐 어떻게 해야 할까? 너무 쾅 닫으면 자칫 깨질 수도 있고 또 잘못해서 손이 끼었을 때 크게 다칠 수가 있어. 그래서 늘 살살 닫아야 하고 손이 끼진 않았는지 보고 혹시 다른 사람이나 몸이 끼진 않았는지 확인을 꼭 해야 해.

*회전문 카드 보여주기

빙글빙글 회전문은 본 적 있어? 빙글빙글 회전문은 큰 회사나 사람이 많이 다니는 곳에 주로 있는데 이 회전문도 두 가지 종류가 있어. 자동으로 돌아가는 회전문과 손으로 밀어야 하는 회전문이 있는데 먼저 자동으로 돌아가는 회전문의 경우엔 손이나 몸이 닿으면 갑자기 멈춰 버릴 수가 있어. 그렇기 때문에 절대 손이나 몸이 닿지 않게 하고 밀어서 여는 회전문의 경우엔 너무 세게 밀면 뒷사람이 넘어질 수가 있으니까 천천히 밀어서 이용하면 돼.

*자동문 카드 보여주기

그럼 자동으로 열리는 자동문은 어디에서 봤을까? 우리 아파트 들어오는 문도 자동으로 열리고 마트에서도 봤어. 그런데 자동으로 문이 열리는 게 신기해서 자꾸 왔다 갔다 하면서 문이 열리고 닫히는 걸 계속 보는 친구들이 있어. 그러면 문이 어떻게 될까? 고장 날 수도 있고 전기가 낭비될 수도 있어. 그러니까 일부러 자꾸 왔다 갔다 하며 장난치지 않아야 해.

문은 안전하게 사용하는 것 말고도 지켜야 할 매너가 한 가지 더 있다. 실내에서 어떤 문을 열고자 할 때는 반드시 노크해야 한다는 것이다. 문이라는 것은, 우리를 안전하게 지켜주기 위해서도 필요하지만, 개인 프라이버시를 지켜주기도 한다. 문을 열고 어떤 공간에 들어가는 것은 문 안에 있는 사람의 영역에 들어가는 것이기 때문에 들어가기 전에 반드시 들어간다는 신호로 노크를 해야 한다.

문을 매너 있게 사용하는 방법 또 한 가지!

문을 열기 전에는 반드시 노크를 먼저 해요.

부모: 우리가 문을 열고 들어가기 전에 할 일이 하나 있는데 뭘까?

문이라는 건 우리를 도둑이나 모기로부터 지켜주기도 하지만 또 혼자 공부를 하거나 전화를 하거나 조용히 있고 싶거나 옷을 갈아입을 때도 필요해. 방에 문이 없다면 조용히 있고 싶고 조용히 공부하고 싶고 조용히 전화하고 싶을 때도 시끄러운 바깥소리가 다 들려서 방해받을 수도 있고 옷을 갈아 입을 때도 소중한 내 몸을 다른 사람들에게 안 보여야 하는데 만약 문이 없으면 다 보이잖아.

그래서 문이 있어야 하고 그럴 땐 문을 닫고 하는데 만약 누군가가 갑자기 문을 확 열면 어떻게 되겠어, 깜짝 놀라겠지? 그러니까 문을 열기 전엔 꼭 '내가 들어가도 될까요?'라는 신호로 문을 세 번 똑똑똑 하고 노크를 해야 해. 문을 똑똑똑 두드리는 걸 노크라고 해. 그런데 노크를 할 때도 주먹으로 쾅쾅쾅 너무 세게 하면 안에 있던 사람이 놀랄 수 있으니까 적당하게 똑똑똑 하고 세 번만 두드리면 돼. 그때 안에서 아무 소리가 안 들리면 '안에 사람이 없구나.' 혹은 '방해받고 싶지 않구나.'하는 뜻으로 알고 열면 안 돼. 어떤 친구는 노크하고 바로 문을 열어버리는데 그러면 안 되고 안에서 "들어오세요."라고 허락하거나 문을 열어주면 들어가야 해. 문을 이용할 때도 우리가 지켜야 할 매너들이 정말 많네. 기억할 수 있을까?

Let's Do It!

- 활동북의 문 모양 카드를 가지고 각 문에 맞는 바른 매너에 OX 스티커를 붙여 보세요.

활동북_19, 21p 여러 가지 문 모양 카드, 다양한 문 그림에 맞는 바른 매너 찾기 (O, X 퀴즈)

퀴즈 정답   1. X, 2. O, 3. O, 4. X, 5. O, 6. X

02
끼익! 꽥! 쿵!
위험한 것들이 너무 많아!

🏠 생활 안전 매너

우리나라 아이들의 대부분은 도시에 살고 있다. 농어촌 같은 시골에 비해 도시엔 온갖 위험이 도사리고 있다. 길엔 차들이 넘쳐나고 곳곳이 공사 중이다. 놀이터도 많지 않은 데다 아이들은 좁디좁은 놀이터를 견디다 못해 아파트 건물 사잇길로 나와 킥보드, 자전거를 타고 놀기도 한다. 그렇다고 아이들을 나가지 말고 집안에서만 놀라고 할 수도 없고 킥보드, 자전거를 타지 말라고 할 수도 없다. 아이들은 차들이 넘쳐나는 길을 건너야만 하고 때때로 공사 중인 길을 지나가야 하기도 한다. 피할 수 없다면 안전하게 잘 지낼 수 있도록 바르고 안전한 방법을 알려주자.

위험한 것은 집안에도 가득하다. 가스레인지, 아직 식지 않은 인덕션, 베란다, 뾰족한 물건들, 어머니의 화장품, 주방세제 등도 아이들 손에 쉽게 닿을 수 있는 위험한 것들이다. 필자의 경우 어렸을 때 비눗방울 놀이를 꽤 좋아했는데 친구가 주방세제와 물을 섞어 비눗방울 놀이를 하는 걸 보고 따라 하다 세젯물을 마신 적도 있고 어머니께서 보온병에 물을 담아 놓고 외출하셨는데 집에서 혼자 놀다가 보온병을 엎지르는 바람에 다리가 데어서 큰 화상을 입은 적도 있다. 그 화상 자국은 수술하기도 힘들어서 아직도 남아있다.

지금 생각해보면 아찔했던 순간들이 꽤 많다. 부모가 아이들에게 단 한 순간도 눈을 떼지 않는다는 건 불가능하다. 아이가 스스로를 지킬 수 있는 방법들을 알려준다면 안전사고는 미리 예방할 수 있다.

With kids

엄마아빠와 함께 보는 그림책 :
세상은 온통 위험한 것 투성이야

본격적인 활동에 앞서 **본책 236p**의 그림책을 아이에게 읽어주세요.

How to talk 생각 나누기

아이와 함께 그림책을 읽은 후에는 그림책 내용에 대해 이야기하며 어떤 위험한 일들이 있었는지 생각 나누기를 진행한다. 첫 번째로 아이에게 알려주어야 할 것은 안전하게 길 건너는 방법이다.

안전한 횡단보도 매너!

★ 찻길 건널 때는 신호가 바뀌어도 바로 건너지 않고 차들이 모두 멈춰 섰는지 확인하고 건너기
★ 신호 없는 길을 건널 땐 일단 멈추고 차가 오는지 확인하고 건너기
★ 길을 건널 땐, 손들고 건너기

부모· 오늘은 하랑이가 루카 형네 놀이터에 놀러 간 이야기가 나왔구나. 우리 ○○이도 놀이터 가는 거 좋아하지? 놀이터에 가면 뭐가 제일 재미있어?

그림책에서 보니 하랑이도 루카 형이랑 미끄럼틀도 타고 그네도 타고 신나게 놀았네. 그리고 킥보드도 타고. 그런데 위험한 일도 많았지? 무슨 일들이 있었지? 루카 형네 아파트에 가려면 길을 두 번이나 건너야 했는데, 길을 건널 때는 그냥 건너는 걸까? 아님 방법이 따로 있을까?

길을 건널 땐 아무 데서나 마구 건너면 안 되고 횡단보도에서만 건너야 해. 횡단보도에서 빨간불일 땐 기다리고, 초록불일 땐 건너는 건데 이때도 찻길에 너무 가까이 있으면 쌩 지나가는 차 때문에 위험할 수 있어. 그래서 찻길 안쪽으로 떨어져서 기다렸다가 초록색으로 신호가 바뀌면 혹시나 아직 멈추지 못한 차가 있는지 없는지 살펴보고 '나 지나가요. 다 지나갈 때까지 기다려주세요.' 하는 표시로 손을 들고, 그리고 마주 오는 사람과 부딪히지 않게 뛰지 않고 걸어서 건너야 해.

두 번째, 공사장 가까이에는 가면 안 된다는 것이다. 공사장은 어른들에게도 매우 위험한 곳이다. 몸집이 작은 아이들은 특히나 눈에 잘 띄지 않기 때문에 더 위험할 수 있다.

공사장은 너무 위험해!

공사장엔 절대 들어가지 않고, 공사장 근처는 피해서 다니기!

부모: 길을 건너니까 옆에 뭐가 있었지? 건물을 짓는 공사를 하고 있었어. 그런데 공사장은 어땠어? 땅이 파여있었어. 만약에 하랑이가 땅이 파인 걸 못 보고 지나갔다면 어떻게 됐을까?

빠져서 크게 다쳤을 거야. 공사장에는 흙이 많이 쌓여 있어서 흙 놀이도 할 수 있을 거 같고 하랑이 눈엔 재미있어 보였나 봐. 그래서 루카 형이랑 놀려고 했는데 깜짝 놀란 일이 있었지? 건물 위에서 뭐가 쿵 하고 떨어졌어. 만약에 하랑이나 다른 사람이 그 밑을 지나갔다면 어떻게 됐을까? 크게 다쳤을 거야. 그럼 공사장엔 들어가면 될까?

절대 안 돼. 공사장은 어른들한테도 아주 위험한 곳이라서 공사장 앞에 보면 보통 '위험' 혹은 '출입금지'라고 쓰여 있어. 이런 에티켓 표시가 있는 곳은 더더욱 그 에티켓대로 따라줘야 하는 거야.

세 번째, 자전거와 킥보드를 안전하게 타고 놀아야 한다는 것이다. 우리 주변에서 안전장비를 제대로 갖추고 타는 아이들을 몇이나 보았는가? 안전장비 없이 내리막길을 빠르게 내려가는 아이들을 볼 때면 심장이 조마조마하다. 제대로 된 안전교육 없이 자전거나 킥보드를 타게 되면 길을 걷는 사람에게도 위협이 될 수 있고, 타고 있는 아이들도 위험하다.

자전거나 킥보드를 탈 땐,
- ⭐ 사람들이 다니는 곳은 피하기
- ⭐ 사람들과 부딪혔을 땐 꼭 먼저 사과하기
- ⭐ 안전장비 갖추고 타기

부모: 루카 형네 아파트 단지에 가서도 위험한 일은 있었지? 킥보드나 자전거는 너무 재미있지만 아주 조심히 타야 해. 차가 다니는 길이나 사람들이 다니는 길에서 타도 될까?

놀이터에 사람이 없을 때 타거나 학교에 있는 운동장같이 차가 안 다니는 곳에서 사람들을 조심해가며 타는 거야. 그런데 루카 형이 넘어지면서 다쳤을까 안 다쳤을까?

무릎이나 팔꿈치에 보호대를 안 했으면 다쳤을 거야. 그래서 킥보드나 자전거 같은 것을 탈 때는 넘어져도 다치지 않도록 무릎이랑 팔꿈치, 손에 보호대를 하고, 머리도 보호하게 헬맷을 써야 해. 그리고 여기서 중요한 것, 만약에 누군가와 부딪혔어. 그럼 어떻게 해야 할까? 엉엉 울기만 해야 할까? 아님 왜 거기 있었냐고 친구한테 화를 내야 할까?

내가 잘못해서 부딪힌 게 아니더라도 꼭 내가 먼저 '미안해 괜찮아?'라고 물어봐 주는 게 진짜 매너 있는 사람이야. 우리 ○○이 이제 잘할 수 있을까?

아이들에게 위험한 요소들은 집안이나 학교, 실내 곳곳에서도 도사리고 있다. 실내에서 아이들이 스스로를 지킬 수 있는 방법에는 어떤 것들이 있을까?

실내에서도 조심해야 해요!

★ 뾰족한 물건 전달하는 방법 기억하기
★ 가스레인지나 공구, 세제, 스프레이 같은 위험한 것은 만지지 않기
★ 엄마 화장품 바르지 않기

부모: 바깥에는 이렇게 위헌한 게 많은데 집안은 어떨까? 집안은 무조건 다 안전할까? 위험한 건 없을까? 가위나 자 혹은 연필 같은 뾰족한 것들도 있고, 아빠가 쓰시는 드라이버 같은 공구도 있고, 주방에는 가스레인지나 칼, 그리고 밥통도 있고, 깨지는 유리컵이나 그릇도 있고, 윙~ 모기 잡는 모기약도 있고, 엄마

가 쓰시는 화장품도 있고…… 집안에도 위험한 게 너무 많아. 그렇지만 위험하다고 해서 그것들을 안 쓸 수는 없겠지? 그럼 어떻게 해야 안전하게 쓸 수 있을까?

위험한 건 되도록 만지지 않는 게 좋지만 가위나 연필 같은 것은 사용해야 하기 때문에 찔리거나 베이지 않도록 항상 조심해야 해. 그리고 다른 사람에게 전달해줄 때도 방법이 있어. 어떤 친구는 날카로운 쪽을 내 배 쪽으로 한 채 전달하기도 하는데 그렇게 하면 잘못해서 내가 다칠 수도 있기 때문에 **날카로운 쪽이 아래로 가게하고 두 손으로 잡은 채 상대방에게 전달하고 한쪽 손을 떼고 상대방이 잡으면 나머지 내 손을 떼면 돼.** 그리고 가스레인지나 드라이버 같은 어른들이 쓰는 물건들은 만지지 않아야 해.

또 어떤 친구들은 엄마가 화장할 때 쓰는 화장품들이 신기해서 막 만지고 엄마처럼 얼굴에 막 발라보는 친구들도 있는데 그건 위험한 행동이야. 우리 ○○이 같은 어린아이들은 피부가 어른들처럼 강하지 못한데 어른들이 사용하는 화장품에는 가끔 어린아이들이 사용하기엔 너무 독한 것들이 들어 있기도 해서 아이들이 사용하면 피부가 아프기도 하거든.
그럼 오늘부터 우리 가족 중 누가누가 안전 매너를 잘 지키나 보고 잘 지키는 사람은 그날의 안전 매너 왕이 되는 걸로 해보면 어떨까? 안전 매너 왕은 잘했다고 칭찬도 많이 해주고 박수도 많이 쳐줄 거야. 우리 다 같이 해볼까?

Let's Do It!
- 활동북을 활용하여 각 상황에 맞는 바른 매너를 맞춰보세요

활동북_22p 어떻게 해야 할까요? (OX 스티커)

03
안전벨트 좀 매!
떠들지 좀 마!

🔔 자동차 매너

아이들이 자동차에 탑승할 시 지켜야 할 것들은 사실 대부분 아이들의 안전을 위한 것들이다. 그렇기에 더욱 중요하고 꼭 지킬 수 있도록 지도해야 한다.

먼저 차를 타고 가기 전 용변을 꼭 본 후에 타게 한다. 고속도로나 도로 한가운데를 운행 중에 아이들이 볼일을 보고 싶게 되는 굉장히 곤란한 상황이 생길 수 있기 때문이다.

아이를 차에 태울 땐 가장 안전한 좌석에 앉히고 벨트를 매게 한다. 가장 안전한 좌석은 어디인가 조사를 해봤더니 안전벨트를 했을 경우와 안 했을 경우가 다른데 안전벨트를 했을 경우 일단 가장 안전한 좌석은 뒷좌석 정중앙이고 그다음이 운전석 뒷좌석, 그다음이 조수석 뒷좌석이었다. 우리가 보통 생각하는 상석과는 조금 다른 결과이다. 상석을 정하는 기준이 안전성과 타고 내리기 편함의 정도로 정하는 것이기에 안전성만을 따진 결과와는 차이가 있다.

보통 아이들은 차를 타면 흥분하기 쉽기 때문에 장난을 치거나 큰 소리를 내기 마련인데 차에서 장난을 치거나 소리를 지르면 운전하는 사람에게 방해가 되니 자기 자리에 앉아 조용히 이야기할 수 있도록 지도해야 한다. 또 차라는 좁은 공간에 있다 보면 아이들은 답답해서 자꾸 창문을 열려고 한다. 창문은 완전 개방을 하지 말고 적당히 개방하게 허용하더라도 창밖으로 얼굴을 내밀거나 손을 내밀지 않도록 해야 한다.

차에서 내릴 때는 도로 쪽으로 내리면 크게 다칠 수 있으니 도로가 아닌 사람이 다니는 길 쪽으로 내리고, 내릴 때 오토바이나 자전거, 사람이 와서 부딪힐 수 있으니 앞뒤를 살피고 내리게 한다.

With kids

엄마아빠가 들려주는
자동차 매너 이야기

아이에게 들려주세요
앗 변기를 차에 싣고 올 걸 그랬어!

오늘은 하은이가 엄마아빠 그리고 오빠랑 동생이랑 다 같이 가족여행을 가기로 한 날이에요.

너무너무 들뜨고 신나서 아침에도 일찍 일어났어요. 아침을 먹고 우리는 모두 아빠가 운전하시는 자동차에 탔어요. 오늘도 동생과 오빠는 자리싸움을 했어요. 엄마는 동생이 가장 어리니까 제일 안전한 자리에 앉아야 한다고 하셨어요.

차가 출발하고 우리 삼 남매는 너무도 신이 나서 큰 소리로 떠들었어요. 엄마는 너무 시끄러워서 아빠가 운전하시는 데 방해가 된다고 하셨지만 우린 신이 나서 참을 수가 없었어요. 잠시 후 아빠는 참다못해 버럭 하셨어요.
"조용히 좀 해!"

길은 우리처럼 여행 가는 사람들의 차로 가득했어요. 그때 갑자기 나는 소변이 마려웠어요. 앗 어떡하죠, 차에는 화장실이 없는데! '이럴 줄 알았으면 화장실 변기를 차에 싣고 올 걸!' 하고 생각했어요
우리가 가기로 한 바다는 아직 멀었나 봐요. 차 안에서만 오래 있으니까 너무 답답했어요.

"엄마 창문 좀 열어주세요."
창문을 열자 시원한 바람이 들어와서 기분이 좋아졌어요. 그런데 갑자기 바람을 손으로 만져보고 싶었어요. 손을 창밖으로 내밀려던 순간 옆 차가 쌩하고 지나갔어요. 나는 깜짝 놀랐어요. 얼굴이나 손으로 바람 만지기는 아주 위험한 거였어요.

드디어 바다에 도착했어요! 너무 신이 나서 차가 도착하자마자 문을 확 하고 열었어요. 그런데 그때 우리 차 옆을 지나가던 사람이랑 쾅 부딪히고 말았어요!

How to talk 생각 나누기

꼭 기억해야 할 자동차 매너!

⭐ 차에 타자마자 안전벨트 매기
⭐ 가장 안전한 좌석에 나이 어린 순서대로 앉기
⭐ 차에서 큰 소리를 내거나 심한 장난치지 않기
⭐ 창밖으로 손이나 얼굴 내밀지 않기
⭐ 차에서 내릴 땐 차 옆을 누가 지나가진 않는지 확인한 후 내리기
⭐ 장거리 여행을 가기 전에 꼭 화장실 다녀오기

부모: 오늘은 하은이네 가족이 바다 보러 여행을 떠나는 날이었지? 이야기 듣고 무슨 생각을 했어? 어떤 일들이 있었지?

차 탈 때 제일 중요한 건 뭘까? 제일 약하고 어린 사람이 제일 안전한 자리에 앉아야 해. 그리고 또 중요한 게 있어. 안전벨트를 매야 해. 안전벨트는 사고가 났을 때 우리 몸을 꼭 안아서 보호해주는 소중한 것이기 때문에 차를 타면 가장 먼저 안전벨트를 매야 하고, 또 하나! 운전하는 건 아주 어려운 거라서 운전하는 아빠나 엄마가 방해되지 않게 우린 장난치지 않고 조용히 있어야 해.

부모: 달리는 차 안에서 창문 열면 시원한 바람도 들어오고 기분이 상쾌하니 좋지? 그래서 이 친구는 바람을 더 느끼고 싶었나 봐. 그런데 창문 밖으로 얼굴이나 손을 내밀면 어떻게 될까? 지나가는 옆 차량 쾅 부딪힐 수 있어. 그래서 창문을 열고는 절대 밖으로 손이나 얼굴을 내밀지 않고 안에서만 창밖을 보고 바람을 느껴야 해.

그리고 또 어떤 일이 있었어? 아빠가 주차했는데 그때 바다를 보고 너무 신이 나서 엄마아빠가 "내려도 돼." 하시거나 문을 열어주시는 걸 기다리지 못한 채 갑자기 문을 확 열어서 어떻게 됐지? 마침 차 옆을 지나가던 사람이랑 부딪혔지? 그 사람이 얼마나 아팠을까? 이렇게 차가 멈추고 나면 그냥 내리지 말고 차 옆을 지나가는 사람은 없는지 오토바이나 자전거가 오고 있지는 않은지 먼저 살피고 내려야 해. 안 그러면 이렇게 부딪혀서 크게 다칠 수가 있어.

마지막으로, 차 안에서 하은이처럼 화장실이 가고 싶으면 어떻게 할까? 차들이 한가득 차 있는 도로 한가운데서 차를 갑자기 세우고 화장실을 찾을 수 있을까? 특히나 고속도로 같은 데서는 화장실 찾기가 너무 힘들어. 그렇다고 차 안에서 싸거나 차를 갑자기 세우고 길에다 싸면 될까? 변기를 가지고 타야 할까? 차 타기 전에 미리 볼일을 보는 거야. 그래야 차 타고나서 볼일이 마렵지 않을 거야. 우리 ○○이 잘 할 수 있을까?

CHAPTER
III

공공장소 매너

01
공공장소가 뭐야?
내 아이한테 뭐라고 하지 마세요?

🏛 공공장소 매너

"엄마 노키즈존이 뭐예요?"

큰아이의 생일날, 아빠 손을 잡은 큰아이를 앞세우고 두 동생을 데리고 동네에 새로 생긴 예쁜 레스토랑에 들어서려는 순간, 우리는 '노키즈존'이라고 써 붙인 가게 앞의 메모를 보고 가게에 들어설 수조차 없었다.

남편은 배고프다고 어서 들어가자는 두 아이와 '노키즈존'이 뭐냐는 큰아이의 질문에 당황해서 어쩔 줄 몰라 했다. 어린 두 아이를 달래서 돌아서면서 나는 다 같이 식사하는 식당에서 뛰어다니거나 시끄럽게 하는 아이들 때문에 다른 사람들이 식사하는 게 불편해서 아이들을 아예 들어오지 못하게 하는 곳들이 있다고 설명해줬다. 그랬더니 아이들은 "우리 시끄럽지 않게 조용히 밥만 먹을 수 있는데"라며 내내 서운해했다.

그 사건이 이 책을 집필하게 된 동기가 되었다. 아이들은 잘 몰라서 그럴 수 있다. 그렇지만 세상의 모든 부모가 아이에게 바른 매너를 가르쳐줬다면 아이들은 그런 일을 겪지 않았을 것이다.

자신의 아이들이 공공장소에서 매너 없는 행동을 할 때면 아이들이니까 이해해줘야 한다고 생각하는 부모들이 많다. 그래, 아이들은 아이들이니까 그럴 수도! 있지만 부모는 그러면 안 된다. 내 아이들이 잘못된 행동을 하도록 내버려 두거나 가르쳐주지도, 고쳐주지도 않고 타인에게 무조건적인 이해를 바라선 안 된다.

어떤 이들은 공공장소에서 안면몰수를 보여주는 사람을 목격할 때면 공공장소 매너에 대한 법이라도 만들어서 지키게 해야 하는 거 아니냐고, 타인을 불편하게 하면서까지 자기의 자유를 부르짖는 것은 아니지 않느냐고 하기도 한다. 필자도 안하무인 격인 행태를 보이는 사람들을 볼 때면 욱하는 감정이 올라온다. 하지만 법의 잣대로 이 모든 것을 판단하기에는 애매모호한 지점이 너무나 많고 법은 모든 문제를 해결하는 마술지팡이도 아니다.

벌금이 무서워 교통질서를 지키는 것과 다른 사람들과 나를 위해, 모두가 불편하지 않기 위해 교통질서를 지키는 것은 같은 행동이더라도 큰 차이가 있다. **우리에게 필요한 것은 자발적인 매너이다. 자발적인 매너는 법보다 큰 효력을 발휘한다.** 우리 모두는 타인으로부터 대접받길 원하고 평등한 존재로서 존중받길 원한다. 그것의 시작이 매너 있게 행동하는 것이다. 사소한 매너가 나와 상대방 그리고 우리 모두를 대접하고 존중하는 첫걸음이다. 나부터 실천하고 또 사랑하는 내 아이가 어렸을 때부터 몸과 마음으로 습득할 수 있도록 가르쳐 주자.

공공장소 매너 전체를 아우르는 이 글을 시작으로 상황별 올바른 매너에 대한 이야기가 계속될 것이다. 세부 상황별 매너 교육을 시작하기 전에, 공공장소 매너가 왜 필요한지에 대한 내용이 담긴 이 챕터를 반복적으로 교육하고 세부 교육에 들어가면 보다 효과적인 매너 학습이 이루어질 수 있을 것이다.

`With kids`

엄마아빠가 들려주는
공공장소 매너 이야기

공공장소는 다 같이 쓰는 공간이에요!

오늘은 기다리고 기다리던 우리 가족이 놀이동산 가는 날, 놀이동산으로 가는 버스를 타기 위해 우리 가족은 버스를 기다리고 있었어. 버스가 와서 사람들이 내리기 시작하는데 갑자기 내 뒤에 있던 사람이 내 앞으로 와서 내리는 사람이 다 내리기도 전에 버스에 올라타려고 하는 게 아니겠어. 결국 내리던 사람과 부딪히고 말았어. 우리 가족은 내리는 사람이 다 내리고 나서 버스에 올라탔어.

버스에 올라타서 자리에 앉아서 가는데 갑자기 어디선가 큰 소리가 들렸어. 돌아보니 아까 그 새치기하고 내리던 사람들을 밀치고 먼저 탔던 아저씨가 큰 소리로 전활 하고 있었어. 차 안에서 조용히 책을 읽던 사람도 눈을 감고 자던 사람도 깜짝 놀라서 그 아저씨를 쳐다봤어. 사람들은 모두 불편해 보였어.

버스는 한참을 달려서 놀이동산에 도착했어. 놀이동산에는 신기한 놀이기구가 아주 많았어. 동생들과 나는 신이 나서 두리번거리며 소릴 질렀어. "이야 너무 좋다! 난 이것도 타고 저것도 타고 다 타볼 거야. 신난다!" 그런데 잠시 후 엄마가 다급히 "하랑아 어디 있니?" 소리쳤어. 엄마 손을 잡고 가던 하랑이가 없어진 거야. 우리 가족은 울면서 하랑이를 찾으러 다녔고 놀이동산 방송실에 찾아가서 하랑이를 찾아 달라고 했어. 잠시 후 하랑이가 엉엉 울며 어떤 아저씨 손을 잡고 나타났어. "하랑아~", "엄마~ 으앙" 하랑이는 엄마 손을 잡고 가다 신기한 놀이기구를 보고 거기에 정신이 팔려서 엄마 손을 놓친 거야. 마음씨 좋은 아저씨를 만나서 하랑이를 찾긴 했지만 정말 큰일 날뻔했어.

우리는 놀이기구를 타기 위해 줄을 섰어. 그런데 줄서기가 싫어서 중간에 우리 앞으로 끼어드는 사람들이 있었어. 그 사람들 때문에 우린 더 오래 기다려야만 해서 얼마나 속상했는지 몰라. 놀이기구 타는 건 무섭기도 했지만 정말 재미있었어. 우린 놀이동산에 있는 도시락 먹는 장소에서 도시락을 맛있게 먹었어. 그런데 어떤 사람들은 잔디밭에 들어가서 먹는 사람들도 있었어. 잔디밭 앞에 '들어가지 마세요.'라고 써진 팻말도 있었는데 말이야.

밥을 다 먹고 화장실에 갔는데 사람들이 줄을 길게 서 있었어. 내 차례가 돼서 비어있는 화장실 칸으로 들어가 볼일을 보고 있는데 갑자기 문밖에서 누가 쾅쾅 하고 세게 두드리며 노크를 하는 게 아니겠어. 줄을 서 있어서 빈칸이 어딘지 다 알 수 있었을 텐데. 난 너무 깜짝 놀랐어.
볼일을 다 보고 나서 손을 씻고 밖으로 나와서 우리 가족은 다시 집으로 향했어. 오늘은 정말정말 즐거운 날이었지만 느낀 것도 많았던 하루였어.

How to talk 생각 나누기

공공장소는 많은 사람이 다 같이 이용하는 곳!
⭐ 나만 편하면 된다는 생각은 안 돼요.
⭐ 남한테 피해가 되는 행동은 하지 않아요.
⭐ 실수로 남을 불편하게 했을 때는 용기 있게 사과해요.

부모: 이야기 잘 들었어? 오늘은 무슨 날이었지? 놀이동산을 가는 신나는 하루였어. 그런데 놀이동산을 갈 때도, 놀이동산에서 놀 때도, 또 집으로 돌아올 때도 많은 일이 있었지? 이렇게 **놀이동산이나, 공원, 버스나 지하철, 놀이동산에 있는 화장실 등 많은 사람들이 함께 이용하는 곳을 공공장소라고 해.** 우리 ○○이가 아는 공공장소가 또 있을까? 어디가 공공장소일까? 사람이 많은 곳, 다 같이 이용하는 곳 중에?

그런 곳들은 나 혼자 사용하는 내 것이 아닌 많은 사람이 다 같이 사용하는 곳이기 때문에 지켜야 할 매너들이 있어. 뭐가 있을까?
내가 쓰고 난 뒤엔 깨끗하게 정리해 주고 쓰레기는 반드시 쓰레기통에 버리거나 쓰레기통이 안 보이면 집으로 가져와서 버려야 해. 또 우리 ○○이가 말한 것처럼 순서를 지켜야 해. 나도 빨리 타고 싶고, 빨리하고 싶지만 다른 사람들도 똑같은 마음일 거야.
만약에 우리 ○○이가 놀이동산에 가서 멋지게 줄을 서고 있는데 누군가가 ○○이 앞으로 쏙 껴서 놀이기구를 먼저 타려고 하면 기분이 어떨까?

속상하겠지? 하지만, 상대방이 모르고 그랬을 수도 있으니까 화내지 않고 친절하게 '제가 먼저 줄 섰어요.'라고 얘기해야 해. 그리고 우리 ○○이는 절대 다른 사람 앞으로 몰래 쏙 새치기하지 않아야겠지? 만약에 실수로 다른 사람 앞에 서게 되면 '죄송합니다.'라고 말해야 해. 이렇게 우리는 실수로 다른 사람의 마음을 불편하게 할 때도 있는데 이럴 때는 용기 있게 '죄송합니다.'라고 할 줄 아는 게 정말 멋지고 매너 있는 사람이야. 그럼 내일부터 엄마랑 공공장소에서 지켜야 할 매너들을 알아볼까?

Let's Do It!

- 활동북을 활용하여 각 공공장소에 맞는 매너들을 알아봅시다.

활동북_25p 공공장소 카드북 활용

02
쉿!
버스에선 조용히 좀 해주세요!

대중교통 매너

얼마 전 지인이 KTX를 탔던 이야기를 전해왔다. 엄마와 5살 딸아이가 지인이 앉은 좌석 1시 방향에 앉았다. 열차가 출발한 지 5분쯤 지났을까, 아이는 좌석에서 일어나 고개를 쭉 내밀며 지인에게 "안녕하세요."라고 인사했다. 그런 아이가 귀엽고 대견해서 지인도 "안녕~"하고 받아줬단다.

그 모습을 보고 계시던 한 아주머니께서 아이에게 몇 살이냐, 어디 가냐며 질문을 하였고, 아이도 아직은 조금 어눌한 말투로 재잘재잘 이야기보따리를 풀어냈다. 어느새 아주머니와 친해졌다고 생각한 아이는 앉았다가 일어나 뒤를 돌아보며 아주머니와 가벼운 장난을 쳤고, 엄마는 아이를 자리에 앉히려고 노력했다. 아이에게 조금은 무섭게 앉으라고 명령을 했으나 아이는 잠시 후 짜증을 내고 엄마에게 뭔가 요구를 하기도 하고, 다시 일어나 뒤를 쳐다보기도 했다.

아이의 통제가 되지 않자 엄마는 결국 스마트폰을 열어 동요가 나오는 애니메이션을 보여주었다. 그러자 아이는 더 신나서 노래를 부르고, 앉아서 율동도 하기 시작했다. 엄마는 아이에게 조용히 하라고 다시 다그치며 스마트폰을 끄고 준비해 온 삶을 계란을 까서 아이에게 주었다.

잠시 잠잠하다 싶더니, 아이는 답답했는지 통로를 나와 지인이 있는 곳을 지나서 뒤로 가려고 했다. 지인은 아이를 팔로 막으며 "위험하니 가면 안 돼요."라고 했다. 아이의 엄마는 아이를 불러 앉히고는 또 훈육하고 스마트폰으로 애니메이션을 보여주었다. 그제야 비로소 아이는 조용히 앉아서 갈 수 있었다. 그 뒤로 얼마 지나지 않아 지인은 내려서 뒷얘기는 모르나 많은 생각을 했다고 한다.

많은 부모가 장거리 여행을 할 때 아이들 때문에 고민한다. 아이가 칭얼거릴 때, 짜증 낼 때, 지나친 장난을 치거나 떠들 때 부모는 어떻게 대처를 해야 할까?

어른도 힘든 장거리 여행이 아이들에겐 얼마나 힘들겠는가.

지루하고 힘든 장거리 여행을 어떻게 하면 주변 사람들에게 피해를 주지 않으면서 아이도 즐겁고 재미있게 놀면서 갈 수 있을까?

어떤 외출이든 외출하기 전에 오늘 어디를 갈 것이고 어떤 일을 할 것인지 그리고 즐거운 외출이 되기 위해서 지켜야 할 일들이 있음을 설명해주고 아이들과 꼭 약속하고 떠나자.

`With kids`

엄마아빠와 함께 생각해보는
대중교통 매너

`How to talk` 생각 나누기

대중교통 매너는 아이와 함께 대중교통을 이용하기 전날 교육하면 더욱더 효과적이다. 대중교통을 이용할 때 지켜야 할 매너가 어떤 것들이 있는지 아이 스스로 생각할 수 있도록 먼저 질문하고, 생각 나누기를 진행하도록 한다.

다른 사람들도 나도 모두 즐거운 여행을 하려면?

★ 큰 소리로 이야기하지 않기
★ 음악을 듣거나 동영상을 볼 땐 이어폰 착용하기

부모: 내일은 엄마아빠랑 칙칙폭폭 슈웅~ 기차(버스, 지하철) 타고 멀리 여행을 떠날 거야. 바다도 보고 맛있는 것도 먹고 아주 즐거운 시간을 보낼 거야! 우리 ○○이 기차 타본 적이 있던가?
기차는 아주 아주 기다랗고 사람도 아주 아주 많이 타고 가는 차야. 그래서 다른 사람들도 나도 모두 즐거운 여행을 하려면 우리가 지켜야 할 매너들이 있어.

뭐가 있을까?

기차를 타고 멀리 여행 가는 건 즐겁기도 하지만 조금 힘들기도 해서 어떤 사람들은 기차에서 잠을 자기도 하고 책을 읽기도 하고 조용히 음악을 듣기도 해. 그런데 누군가가 큰 소리로 얘기하거나 큰 소리로 통화하거나 스마트폰으로 다른 사람들이 다 들리게 큰 소리로 만화를 보거나, 영화를 보면 쉬고 있던 사람들이 어떨까?

시끄럽고 방해가 많이 될 거야. 잠자다가 깜짝 놀라서 깨거나, 책을 읽다가도 깜짝 놀랄 거고, 쉬다가도 방해받아서 더 이상 쉬지 못할 거야. 그러면 어떻게 해야 할까?

조용히 얘기하거나 전화는 기차에서 내리거나 전화를 따로 받는 곳에 가서 받거나 해야 하고, 스마트폰을 볼 때는 다른 사람에게 안 들리게 이어폰을 끼고 봐야 해.

- ⭐ 지하철이나 시내버스를 이용할 땐 음식 먹지 않기
  (기차를 탈 땐, 냄새가 많이 나지 않는 간식만 먹기)
- ⭐ 장거리 여행을 떠날 땐 책이나 보드게임, 그림 그리기 등 즐겁게 할 수 있는 놀잇감 챙기기
- ⭐ 차 안에서 돌아다니지 않기

부모: 그리고 또 지켜야 할 게 뭐가 있을까? 우리 ○○이 기차 타고 멀리 가다 보면 배고플 텐데 그럴 땐 어떡하지? 엄마아빠 차처럼 휴게소에 들릴 수도 없는데?

밥은 미리 먹고 타고 간식을 가지고 타서 먹어도 되는데 냄새가 많이 나는 음식은 안 돼. 옆에 있는 사람은 그 냄새 때문에 많이 힘들거든. 기차는 멀리 가는 차

고 앉아서 가는 차니까 차에서 간식을 먹을 수 있지만 지하철이나 시내버스같이 잠깐 타는 차들에서는 음식을 먹으면 안 된대.

왜 그럴까? 기차는 먼 길을 가고 또 우리 자리가 정해져 있어서 앉아서 갈 수 있지만 지하철이나 시내버스는 우리가 앉는 자리가 정해져 있지 않고 서서 가는 사람이 더 많은데 거기서 음식을 먹다가는 잘못해서 옆에 사람한테 음식을 흘리거나 묻힐 수가 있어.

그런데 먼 길을 가는 건 생각보다 쉬운 일이 아니야. 시간이 오래 걸리기 때문에 그냥 아무 준비도 없이 가면 아주 심심할 거야. 그렇다고 기차 안을 막 돌아다니거나 할 수도 없어. 잘못하면 넘어질 수도 있고 다른 사람들한테 방해가 되거든. 그래서 기차 안에서는 화장실을 가거나 전화를 받거나 할 때 빼고는 돌아다니지 않아.

그럼 긴 여행을 지루하지 않게 하려면 어떻게 해야 할까? 무엇을 준비해야 할까? 우리 ○○이가 좋아하는 너무 크지 않은, 가지고 가기 편한 크기의 장난감이나, 좋아하는 책, 그리고 그림 그리기나 색칠 공부할 놀잇감을 가지고 가서 놀면서 기차 타고 가면 긴 여행이 금방 끝나고 금방 도착할 거야.

⭐ 순서대로 줄 서고 차례차례 타기
　* 버스는 한 줄, 전철은 문 양옆 두 줄
⭐ 내리는 사람 먼저 내린 후 타기
⭐ 나보다 약한 사람에게 자리 양보하기

부모: 그리고 마지막! 기차에서 내릴 땐 어떻게 해야 할까? 탈 때도 순서대로 줄을 섰다가 내릴 때도 내릴 곳이 가까워지면 빠뜨리고 가는 물건이 없는지 확

인하고 미리 내릴 준비를 하고 있다가 기차가 멈추면 차례대로 내리면 돼. 먼저 내리겠다고 다른 사람을 밀치거나 하면 사람들이 넘어져서 크게 다칠 수가 있으니까 꼭 순서대로 차례차례 내리는 거야. 이건 지하철이나 버스에서 내릴 때도 마찬가지야.

그런데 버스나 기차는 한 줄로 서는데 지하철은 달라. 혹시 알고 있어? 지하철은 문이 양옆으로 열리는 자동문인데 그 자동문 양옆으로 줄을 설 수가 있어. 양옆에서 기다리다가 내리는 사람하고 부딪히지 않도록 내리는 사람이 다 내리고 나서 차례차례 타면 돼. 우리 ○○이 기억할 수 있을까?

오늘 배운 거 다 기억 못 해도 괜찮아. 다음에 지하철 타러 갈 때 엄마랑 또 이야기 나눌 거고 버스 타러 갈 때도 이야기 나눌 거니까.

Let's Do It!

- 활동북을 활용하여 각 공공장소에 맞는 매너들을 알아봅시다.

활동북_25p 공공장소 카드북 활용

03
내가 먼저 탈 거야!
새치기는 안 돼요!

🏛 공원, 놀이동산 매너

필자의 집 앞에는 작은 공원이 하나 있다. 전에는 철길이었던 곳을 이제는 공원으로 조성해 놓아서 얼마나 운치 있는지 모른다. 아이들도 내 손을 잡고 공원 산책을 하러 가는 것을 참 좋아해서 자주 가는 편인데 가끔 반려견의 변을 치우지 않고 가는 사람이 있어서 눈살을 찌푸릴 때도 있고 공원 내에선 엄연히 이용금지인 자전거나 인라인스케이트를 타고 씽씽 달리는 사람들 때문에 위험천만한 상황이 벌어지기도 한다.

우리 아이들도 처음엔 공원에서 킥보드를 타고 싶어 했는데 산책하는 사람들과 부딪힐 수 있다는 이유와 공원 내에선 킥보드, 자전거, 인라인 이용금지라는 현수막도 있었기에 그걸 핑계로 못 타게 했었다. 그런데 그런 규칙이 있음에도 지키지 않는 몇몇 사람들 때문에 아이들을 설득하기가 가끔은 힘들 때도 있다. 그렇지만 가르치고 더불어 살아가는 방법을 알려줘야 한다는 생각으로 오늘도 열심히 가르치고 있다. 우리 부모들도 그런 상황들이 벌어질 때마다 지치지 말고, 혹은 '이번쯤은, 나 하나쯤이야' 하고 생각하지 말고 늘 일관된 자세로 아이들에게 바른길과 방법을 가르치시길 바란다. 부모가 흔들리면 아이도 흔들린다.

With kids

엄마아빠와 함께 생각해보는
공원, 놀이동산 매너

How to talk 생각 나누기

편의상 공원과 놀이동산을 한 챕터에 묶었지만 지켜야 할 매너는 조금씩 다르다. 공원 매너 역시 공원이나 놀이동산을 이용하기 전에 교육하면 배운 후에 바로 체험을 통해 매너를 습득할 수 있기 때문에 매너를 더욱 효과적으로 익힐 수 있다. 먼저 놀이동산과 동물원에서 지켜야 할 매너에 대해 알아보자.

놀이동산이나 동물원에서 더욱 행복한 시간을 보내려면,

★ 줄을 잘 서고, 새치기는 절대 하지 않아요.
★ 동물에게 먹이를 함부로 주지 않아요.

부모: 우리 ○○이 공원이나 놀이동산 가는 거 좋아하지? 엄마도 공원 가고 놀이동산 가는 거 참 좋아해. 먼저 놀이동산에 가면 뭐가 있어?
놀이동산에 가면 재미있는 놀이기구들이 많은데 그걸 타려면 사람들이 줄을 서지? 왜 줄을 설까? 줄을 안 서면 서로 '내가 먼저, 내가 먼저 탈 거야.' 하고 우르

르 타다가 넘어질 수도 있고 다칠 수도 있어서 꼭 줄을 서야 해. 그런데 이때 몰래 쏙 앞으로 끼어들면서 새치기하는 사람도 있어. 그러면 뒤에서 오래오래 줄 서고 있던 내 마음이 어떨까? 새치기는 다른 사람들의 마음을 아프게 하는 거니까 절대 하면 안 돼.

이번엔 동물원! 동물원에 가면 동물 보는 곳 앞에 '동물에게 먹이를 주지 마세요. 큰 소리치지 마세요. 물건을 던지지 마세요.'라고 써 있어. 왜 이런 게 써 있을까? 동물한테 물건을 던지거나 큰 소리를 치면 동물이 놀랄 수도 있고 화가 날 수도 있어. 그래서 우리 ○○이를 공격하려고 할지도 몰라. 또 음식을 함부로 주면 동물들이 배탈이 날 수도 있어. 동물들은 동물들이 먹을 수 있는 동물용 음식을 먹어야 해.

다음은, 공원과 놀이동산에서 공통으로 지켜야 할 매너이다. 사람이 많은 공원이나 놀이동산에서의 매너는 아이의 안전과도 직결되는 것이기 때문에 더욱 중요하다.

사람이 많은 공원이나 놀이동산에서는

- ⭐ 부모님이나 보호자 손 꼭 잡고 다니기
- ⭐ 잔디밭이나 들어가지 말라는 곳에 들어가지 않기
- ⭐ 공원에서 자전거, 인라인, 킥보드 타지 않기

부모: 공원이나 놀이동산은 아주 넓지? 그런 곳에선 혼자 여기저기 막 다니면 될까? 엄마아빠 손은 꼭 잡고 같이 다녀야 해. 혹시라도 엄마아빠 손을 놓쳐서 길을 잃어버리게 되면, 무섭고 눈물이 나더라도 침착하게 공원을 관리하시는 분들이나 주변 어른들에게 도움을 청해야 해. 그래야 엄마아빠가 ○○이

를 찾을 수 있어.

그리고 공원이나 놀이동산에 가면 예쁜 꽃들이 피어 있거나 잔디가 예쁘게 자란 곳이 많지? 그런데 이런 잔디밭이나 꽃밭에 함부로 들어가면 될까? 꽃밭이나 잔디는 많은 사람이 보고 기분 좋아지라고 잘 가꾸어 놓은 곳인데 사람들이 들어가게 되면 망가질 수가 있겠지? 그러니까 들어가면 안 돼.

마지막으로, 점점 확산되고 있는 반려견 문화에 발맞춰 지켜야 할 반려견 매너와 쓰레기를 올바르게 처리하는 방법에 대해 알려주어야 한다.

함께 만드는 반려견 문화 · 깨끗한 공원 만들기
- ⭐ 반려견과 함께할 땐 반드시 목줄 채워서 산책시키기
- ⭐ 남의 반려견 함부로 만지지 않기
- ⭐ 반려견의 변은 비닐에 싸서 가져오기
- ⭐ 쓰레기는 쓰레기통에 버리기
    * 쓰레기통이 없으면 집으로 가져오기

부모: 우리 ○○이는 강아지 좋아해? 공원에 가면 강아지를 데리고 산책 나온 사람들이 많잖아. 그런데 어떤 강아지들은 가끔 사람을 공격하기도 한대. 그래서 강아지를 산책시킬 땐 꼭 목줄을 해야 하고, 또 강아지를 구경하는 사람들도 남의 강아지를 함부로 만지면 안 돼. 그러다 강아지가 갑자기 앙! 하고 물어 버릴 수도 있고, 강아지 주인이 싫어할 수도 있거든.

그리고 만약에 우리 ○○이가 강아지를 키운다면 강아지 데리고 산책하러 나갔

는데 강아지가 변을 보면 비닐봉지에 변을 꼭 싸서 와야 해. 다른 사람들이 우리 강아지의 변을 보고 기분이 상하지 않게 말이야. 쓰레기도 마찬가지야. 공원이나 놀이동산에 쓰레기통이 있으면 거기다 버리면 되지만 쓰레기통이 없으면 어떻게 할까? 아무 데나 막 버리고 오면 될까? 꼭 집으로 가져와서 버려야 해. 우리 ○○이 이제 놀이동산이나 공원에 가면 어떻게 해야 할지 알겠지?

Let's Do It!

- 활동북을 활용하여 각 공공장소에 맞는 매너들을 알아봅시다.

활동북_25p 공공장소 카드북 활용

04
아 급하다 급해!
어? 내가 먼저 왔는데

🏛 **공중화장실 매너**

집을 떠나면 가장 불편한 것이 생리 현상 해결이다. 요즘은 주 5일제 및 YOLO(You Only Live Once의 약자로, 의역하면 **"네 인생은 오직 한 번뿐이다."**) 등, 사회 분위기도 그렇고 여가를 즐기는 인구가 늘어나면서 각 지자체도 공중화장실 시설 및 청결에 많은 신경을 쓰고 있는 모습을 보인다.

평일에는 회사, 휴일에는 야외에서, 일상에서 최소 하루에도 몇 번씩은 사용하게 되는 공중화장실, 꼭 필요하고 보편화가 되었음에도 아직도 올바르게 사용하지 않는 모습들이 적잖게 보인다.

근래 들어 많이 개선된 것 같지만 공중화장실 한 줄로 서기를 지키지 않는 사람들을 아직도 심심찮게 볼 수 있고, 급하게 찾아 들어간 화장실 휴지통에 쓰고 난 휴지가 흘러넘쳐 바닥을 뒹굴고 있거나, 누군가 볼일을 보고 물을 내리지 않은 변기를 마주하기도 한다.

화장실을 불결하게 사용하는 것도 사실은 습관적인 행동이다. 화장실을 이용하는 사람들 개개인의 몸에 밴 습관이 청결한 화장실을 유지하는 관건이다. 누누이 얘기하지만, 그 습관이라는 것이 알고 보면 그리 어려운 것이 아니다. 찰나의 시간, 길어봐야 수초의 시간이면 충분한 청결 유지, 쓰고 난 후 잠깐의 시간, 누구든지 아주 조금씩만 주의를 기울이고 배려한다면 나와 타인, 모두가 기분 좋게 사용할 수 있다.

우리 아이들이 공중화장실을 이용할 때도 더럽고 불결한 화장실을 이용하거나 줄을 서지 않고 새치기를 하는 사람들을 보면 어떤 기분이 드는지 이야기를 나눠 본 후, 또 내가 먼저 주의를 기울이고 배려했을 때 어떤 기분이 드는지 이야기를 나눠 봄으로써 **아이들이 스스로 먼저 남을 배려했을 때 자신이 더 보람을 느끼고 행복해지는 경험을 깨닫게 하는 것이 중요하다.**

With kids

엄마아빠와 함께 생각해보는
공중화장실 매너

How to talk 생각 나누기

모두가 기분 좋은 화장실 사용 매너
⭐ 한 줄로 서서 기다리기
⭐ 볼일을 다 본 후엔 변기 뚜껑 내리고 물 꼭 내리기
⭐ 사용한 휴지는 휴지통에 버리기
⭐ 화장실 나오기 전에 꼭 손을 씻고 손 닦는 휴지는 한 장만 사용하기

부모: 우리 ○○이 유치원(학교)에서 화장실 자주 가? 그런데 유치원(학교)의 화장실은 우리 ○○이 혼자 쓰는 게 아니지? 이렇게 유치원(학교)의 화장실처럼 나 혼자가 아닌 다른 사람들과 같이 쓰는 화장실을 '공중화장실'이라고 하는데 모두가 불편하지 않고 깨끗하게 사용하기 위한 방법이 있어. 먼저 화장실에 갔을 때 비어있는 칸도 많고 사람들도 많은데 나보다 늦게 온 사람이 먼저 들어가면 내 기분이 어때?

그래서 먼저 온 사람부터 차례대로 빈 화장실에 들어갈 수 있도록 화장실 문 앞, 입구에서 한 줄로 서서 기다려야 해. 그리고 볼일을 보고 나면 화장실 변기 뚜껑을 꼭 닫고 물을 내려야 해. 왜냐하면 물이 내려갈 때 변기 안에서 세균이 튀어나올 수가 있거든. 그러면 내 몸에도 묻을 수가 있으니까 변기 뚜껑을 꼭 닫고 물을 내리고 사용한 휴지는 휴지통 안에 버려야 해. 어떤 사람은 바닥에 막 함부로 버리는 사람이 있는데 그러면 그 사용한 휴지에서 세균이 바글바글 나오기도 하고 화장실이 더러워져서 뒤에 사용하는 사람이 기분이 나쁠 거야.

그리고 화장실을 나오기 전에 꼭 해야 할 일이 있어. 손을 꼭 씻는 거야. 화장실은 많은 사람이 이용하기 때문에 손잡이에도, 변기에도 세균이 많이 묻어 있어. 변기 뚜껑을 닫고 물을 내렸어도 여기저기 세균이 많이 돌아다니고 있어서 내 손에는 세균이 묻어 있을 수가 있어. 그래서 화장실에서 볼일을 보고 나서는 꼭 손을 깨끗이 씻고 나와야 해. 기억할 수 있을까?

Let's Do It!

- 활동북을 활용하여 각 공공장소에 맞는 매너들을 알아봅시다

활동북_25p 공공장소 카드북 활용

05
너무 정신없어!
밥이 코로 들어가는지 입으로 들어가는지 모르겠어요!

식당 매너

한국에서 산 지 10년쯤 된 외국인 친구와 한국인의 식당 이용 매너에 대한 이야기를 한 적이 있다. 한국에서 식당에 처음 방문했을 때 그가 느낀 첫인상은 '너무 시끄럽다.'였다. 사람들이 조용히 식사하는 다른 사람들을 전혀 배려하지 않는 것 같았단다. 한국어의 존댓말과 반말을 구분하게 되었을 때 더 놀라웠던 것은 한국인들이 식당 종업원에게 너무 무례하게 행동하는 모습이었다. 자기 나라를 '동방예의지국'이라 말하지만 전혀 그래 보이지 않았던 것이다. 외국인 친구는 그 이유가 '한국사회의 유교적 계급의식' 때문인 것 같다고 풀이했다.

우리와 같은 동양권 나라인 일본인들은 한국 식당에서 가장 놀랐을 때가 손님이 떠난 뒤의 모습을 봤을 때라고 한다. 손님들이 떠난 테이블 위에 널린 휴지와 국물과 떨어진 반찬들로 테이블이 얼룩져 엉망이 된 모습은, 일본인들에게 '한국식당은 폐를 끼쳐도 되는 곳인가?' 하는 생각이 들게 만드는 것이다. 일본에서는 손님들이 음식을 흘리면 휴지로 닦아 한곳에 모아 놓고 자리를 떠나는 문화가 자리 잡혀 있기 때문에 더 충격적으로 느껴졌을 것이다.

외국인들은 다른 손님에게 불편을 넘어 민폐를 끼치는 한국인들의 식당 매너도 납득하기 힘들다고 했다. 지금은 법으로 금지를 하고 있어서 그런 사람을 보기 힘들지만, 얼마 전까지만 해도 다른 사람이 식사하는 동안에도 담배 연기를 아무렇지 않게 뿜어내는 것을 보고 더 이상 식사를 할 수가 없었다며 특히 밥그릇에 꽁초를 버리는 사람들을 봤을 때는 정말 기절초풍할 뻔했다고 했다.

법으로 식당 내 금연을 강제화한 이후로는 더 그런 모습을 보기는 어려워졌지만 그런 어른들이 이제는 아이들의 행동을 가지고 문제로 삼고 있다.

사실 노키즈존이 가장 처음으로 생기기 시작한 곳은 식당과 카페 같은 음식점에서부터였다. 조용히 식사하는데 남이야 어떻든 신경 쓰지 않고 식당을 뛰어다니는 아이, 시끄럽게 우는 아이, 뛰어다니다 급기야는 서빙하는 사람과 부딪혀 뜨거운 음식이 쏟아지는 바람에 아이도 다치고 어른도 다치고 하는 상황들이 생기자 어른들은 아이들과 같은 식당 내에서 식사하는 것을 불편하게 생각하고 항의를 하기 시작했고 그 결과 오늘날의 노키즈존이 탄생하게 되었다.

다른 사람들과 식사하는 자리에서 아무렇지 않게 담배를 피워대거나 고성을 내며 식사하고 아이들이 같은 공간에서 식사하고 있음에도 아이들을 배려하지 않고 욕설이 섞인 대화를 하며 식사하던 어른들이 본인들이 불편하다는 이유로 아이들을 배척하고 있다.

노키즈존이라는 것은 사실 아이들의 특성과 입장은 고려하지 않은 결과이다. 그렇다고 아이들의 특성과 입장을 고려하지 않는 어른들만을 비판하기보다는 **아이들을 무조건 배척할 것이 아닌 어디에서든 환영받을 수 있게 잘 가르쳐주면 된다** 아이들은 스펀지와 같아서 가르쳐주면 쏙쏙 잘도 흡수한다. 물론 단한 번으로 되는 것은 아니지만 어른들이 변화되는 것보다 훨씬 짧은 순간에 변할 수 있음을 기억하고 어디에서나 환영받고 사랑받는 우리 아이가 되도록, 또 '노키즈존'이 '예스키즈존'이 될 수 있도록 잘 가르쳐보자.

With kids

엄마아빠와 함께 생각해보는
식당 매너

How to talk 생각 나누기

알고 보면 정말 쉬운 식당 매너

★ 뛰어다니지 않고 자기 자리에 앉아 조용히 밥 먹기
★ 큰 소리로 이야기하지 않기
★ 일하시는 분들께 감사 인사하기

부모: 우리 ○○이 제일 좋아하는 음식이 뭐야? 만약에 우리 ○○이가 제일 좋아하는 너무나도 맛있는 고기(아이가 좋아하는 음식) 식당에서 우리 ○○이도 오지 말고 우리 ○○이 같은 어린이들도 오지 말라고 하면 우리 ○○이는 기분이 어떨까?

사실은 요즘 어린이 친구들을 못 오게 하는 식당들이 있어. 왜냐하면 어떤 친구들이 식당에서 다른 어른들이 조용히 밥 먹는데 자꾸 큰 소리로 떠들고 뛰어다니고, 뛰어다니다 사람들이랑 부딪혀서 뜨거운 음식을 쏟아서 다치는 일도 생겼대. 그래서 어른들이 조용하게 식사하고 싶기도 하고, 또 어린이들이 다칠까 봐

걱정도 되고 그래서 '어린이들은 오지 마세요.'라고 했대.

우리 ○○이는 식당에 가면 다른 사람들 방해 안 되게 떠들지 않을 거야. 그리고 뛰어다니거나 밥 먹다 말고 돌아다니거나 할까? 우리 ○○이는 자리에 멋지게 앉아서 조용히 밥 먹을 수 있을 거야. 그런데 우리 ○○이 집에서는 엄마아빠가 음식을 해주지만 식당에 가면 누가 해줘?
식당 주인일 수도 있고 식당에서 일하시는 분들이 해주실 수도 있어. 그분들은 우리에게 맛있는 음식을 준비해주시는 고마운 분들이니까 밥을 다 먹으면 엄마아빠한테도 인사하지만, 그분들한테도 '잘 먹었습니다.'라고 인사해주면 그분들이 아주 기뻐하실 거야.

Let's Do It!

- 활동북을 활용하여 각 공공장소에 맞는 매너들을 알아봅시다.

활동북_25p 공공장소 카드북 활용

06
이것도, 저것도 다 사줘!

🏛 **쇼핑몰 매너**

아이를 키우다 보면 누구나 겪는 힘든 일이자 난처하고 곤란한 상황이 있다. 백화점이나 마트 등 쇼핑몰에 아이를 데려갔을 때 아이가 떼를 쓸 때가 바로 그런 상황이다. 아이들은 가지고 싶다는 욕구가 너무 강해서 주변의 상황이라든지, 자기가 이미 가지고 있다든지 하는 사실을 잊고 부모에게 매달린다. 부모들은 이럴 때 난감하고 당혹스럽다. 아이가 저렇게 원하는데 그냥 사줄까 싶다가도 다 들어주자니 습관화될까 걱정이 되고 안 들어주자니 아이가 안쓰럽다.

아이는 3세 정도가 되면 자기중심적인 성향이 강해져서 원하는 게 있으면 주변은 아랑곳하지 않고 떼를 쓴다. 이때, '절대 안 돼.'라고 강하게 대응하는 경우가 많은데 아이들은 이미 그 한 가지를 가지고 싶다는 욕구가 굉장히 커진 상황이기에 울고불고 떼를 씀으로써 자기감정 표현을 한다.

소유욕이 없는 아이는 없으며 아이가 무언가를 가지고 싶어 하고, 세상 모든 것이 다 자기 것인 것처럼 우기는 모습은 아이 성장 발달상 자연스러운 모습이다. 여기서 부모의 중요한 역할은 **어떻게 아이가 자신의 욕구를 조절할 수 있을지 알려주고 훈련하는 것이다.**

😊 아이가 사달라고 조르거나 떼를 쓸 때는 먼저, 그 물건이 가지고 싶은 이유를 물어봐야 한다.

아이는 아이 나름의 이유를 가지고 있다. 왜 가지고 싶은지 이유를 묻고 거기에 맞는 대답과 설명을 자세히 해준다.

😊 두 번째, 장난감 코너라든지 아이들이 좋아할 물건이 있는 곳은 피한다.

내 아이의 경우에도 마트에 장난감 코너가 어디 있는지 알게 된 다음부터는 마트만 가면 장난감 코너부터 가자고 졸랐다.

아이들은 보이는 것에 반응한다. 견물생심이라는 말이 있듯이 어른들도 보면 욕구가 생기는데 아이들은 어떠하겠는가? 더군다나 아이들은 욕구조절을 못하기에 소비 충동을 촉진하기 위한 장난감 코너와 같은 곳에는 가급적 가지 않는 것이 좋다. 아이의 선물을 살 경우에도 미리 부모가 아이와 동행하지 않은 채 골라서 사다 주는 것이 좋으며 아이가 어느 정도 자기 조절 능력이 생기고 쇼핑몰에 오기 전에 충분한 대화 및 약속이 이루어진 상태로 아이가 약속을 지킬 수 있는 능력이 생겼을 때 그러한 곳에 가는 것이 좋다.

😊 세 번째는 아이가 이해할 수 있는 수준의 안 되는 이유를 설명해주어야 한다.

무조건 '안 돼.'라고 하면 아이는 납득이 되지 않기 때문에 더 막무가내로 떼를 쓸 가능성이 높으므로 아이가 받아들일 수 있는 수준에서 조금씩 설득해 나가는 게 좋다.

하지만 협상이 전혀 안 될 때가 있다. 아이가 부모와 침착하게 대화해본 경험이 없으면 그럴 가능성이 크고 혹은 전에 울고불고 떼쓸 때 아이의 요구를 들어준 적이 있다면 아이는 그걸 기억해내고 또 울고불고 떼쓰면 사줄 거라고 인지할 가능성이 높다. 아이가 진정하고 울음을 그치고 또박또박 나름의 이유를 말할 때까지 기다려주거나 너무 울음으로 일관하고 떼를 심하게 쓰며 어떻게 든 사줄 것으로 기대하는 아이 앞에서는 절대, 단호하게 사주지 말아야 한다. "여기는 우리○○이만 이용하는 곳이 아닌 다른 사람들도 이용하는 곳이니 이렇게 우리 ○○이가 울고 떼를 써서 다른 사람들을 방해하고 피해를 준다면 엄마아빠는 우리 ○○이가 원하는 것을 들어줄 수 없어요."라고 말하고 아이를 다른 곳으로 이동하는 것도 좋은 방법이다. 물론 그렇다고 해서 아이가 뚝 그치고 말을 잘 들을 리는 없다. 하지만 아이는 울고불고 떼를 쓰면 부모가 자신의 요구를 들어주지 않음을 조금씩 깨닫기 시작한다.

💙 **가장 중요한 것은 쇼핑몰에 가기 전에 집에서부터 아이와 원칙을 정하거나 약속을 하고 가는 것이다.**
'쇼핑몰에 가는 것은 집에 필요한 물건이나 음식을 사러 가는 것이지 장난감을 사러 가는 것이 아니다, 장난감은 지난번에 샀으니 오늘은 살 수 없다, 오늘은 장난감 한 개만 살 수 있다, 과자는 꼭 사고 싶은 것 하나만 산다.'는 등의 약속을 정하고, 쇼핑몰에 가서 약속을 꼭 지키도록 한다.

With kids

엄마아빠와 함께하는
쇼핑몰 상황극

아이에게 마트나 백화점같이 우리가 필요한 물건을 살 수 있는 곳이 쇼핑몰이라는 것을 알려주고, 쇼핑몰에 가는 놀이를 해보자며 상황극을 유도한다. 아이는 상황극을 통해 평소 엄마아빠의 마음을 조금이나마 이해해볼 수 있을 것이다.

* 부모와 아이가 역할을 바꾸어 진행한다.

부모: 엄마! 나 딸기 먹고 싶어요! 딸기 사주세요. 그리고 수박도 사주세요. 그리고 요플레도 사주세요. 그리고 붕어빵도 사주고 그리고 뽀로로 의사놀이 장난감도 사주세요!

아이: 그래.

* 절제를 가르쳐야 하기에 아이가 '그래.'라고 할 경우 상황을 유도한다.

★ '그런데 엄마는 돈이 얼마 없었대.'라고 상황을 만들어주어 아이가 생각을 할 수 있도록 한다.

아이: 그런데 엄마는 돈이 없는데……
부모: 안 돼, 안 돼! 싫어! 그래도 사줘!
아이: 안 되는데……

* 이때 아이는 평소에 엄마의 반응을 기억하여 그렇게 행동을 하거나 유치원이나 어린이집 같은 교육기관에서 배운 대로 행동을 하려고 한다.

How to talk 생각 나누기

상황극이 종료된 후에 쇼핑몰 매너에 대한 생각 나누기를 진행한다. 가장 먼저 이야기를 나누어보아야 할 것은 올바른 소비에 대한 것이다.

알뜰하게 쇼핑하기, 소비 매너
★ 쇼핑 전 예산 정하고 꼭 필요한 것 리스트 만들기
★ 필요한 것 외의 물건을 사달라고 떼쓰지 않기

부모: ○○아 우리 ○○이 마트나 백화점 같은 쇼핑몰에 가면 맛있는 것도 팔고 재미있는 장난감도 팔고 사고 싶은 게 너무너무 많지? 그런데 사고 싶다고 맛있는 거랑 물고기, 장난감을 다 살 수 있을까? 왜 다 못 살까?
우리 ○○이는 그렇게 생각하는구나, 맞아, 우리 물 사용 매너 배웠지? 물도 많이 있는 줄 알고 계속 쓰면 어떻게 됐댔지? 돈도 사고 싶은 거 다 사고 마구마구 쓰면 나중엔 진짜 필요한 걸 사야 할 때 쓸 돈이 없어서 곤란한 일이 생길지도

몰라. 너무너무 배고픈데 돈이 없어서 먹을 걸 살 수 없게 될 수도 있고, 너무너무 아파서 병원에 가야 하는데 돈이 없어서 병원에 갈 수 없게 될지도 몰라.

그런데 아까 어떤 친구들처럼 이것저것 사달라고 막 울고불고 떼쓰고 그러면 될까? 그렇게 떼쓰면 다른 사람들도 불편하고 엄마아빠도 속상할 거야. 그래서 우리는 물건을 사러 가기 전에 항상 사용할 돈을 정해 놓거나 꼭 필요한 물건을 생각해서 적어가야 해. 적어가지 않으면 깜빡하고 필요한 물건을 빠뜨리고 사 올 수도 있고, 아님 집에 있는 물건인데 깜빡하고 똑같은 걸 또 사 올 수도 있고 정말 필요한 물건이 아니어서 돈을 낭비할 수도 있거든.

다음은 안전한 쇼핑을 위해 지켜야 할 매너에 대한 이야기를 나누어보자. 쇼핑몰을 이용하다 보면 무빙워크에서 뛰거나 장난치는 아이들 혹은 카트를 밀며 뛰어다니는 아이들을 자주 보게 된다. 무빙워크나 카트를 잘못 이용하다가는 정말 크게 다칠 수 있기 때문에 각별히 주의를 주어야 한다.

안전하게 쇼핑하기, 쇼핑몰 안전 매너

- ★ 쇼핑몰 내에서 뛰어다니지 않기
- ★ 무빙워크에서는 걷거나 뛰지 않기
- ★ 카트는 물건을 담는 것! 위에 타지 않기
- ★ 카트를 끌 때는 다른 사람이 다칠 수 있기 때문에 조심히 끌고 절대 매달리지 않기
- ★ 카트를 이용한 후에는 반드시 손 씻기

부모: 혹시 쇼핑몰 가서 이런 거 본 적 있어? 이건 무빙워크라고 해. 물건들을 카트에 넣고 다른 층으로 갈 때 우리는 엘리베이터나 이런 무빙워크가 있어서 편하게 이용할 수 있어. 우리 ○○이도 무빙워크 타본 적 있지? 무빙워크 타면 어때?

편하기도 하고 또 가만히 있어도 자동으로 쓱~하고 가니까 재미있어. 그런데 이렇게 편한 무빙워크가 갑자기 멈춰버리면 어떻게 될까?

달리던 자동차가 갑자기 멈추면 우리가 앞으로 휙 쏠리듯이, 무빙워크도 갑자기 멈추면 휙 넘어질 수 있기 때문에 옆에 손잡이를 꼭 잡거나 엄마아빠 손을 꼭 잡아야 해. 그런데 무빙워크에 보면 '걷거나 뛰지 마세요.'라고 써진 걸 볼 수 있는데 왜 걷거나 뛰면 안 될까?

걷거나 뛰다가 다른 사람하고 부딪히면 무빙워크에 타고 있던 사람들이 넘어져서 크게 다칠 수가 있기 때문이야. 그래서 아무리 급하다고 해도 걷거나 뛰면 안돼. 그리고 무빙워크에 보면 또 뭐라고 써진 것들이 있는데 본 적 있어?

'누란선 안에 서세요.'라고 쓰여 있기도 하고 '고무 신발 조심하세요.'라고 쓰여 있기도 해. 무빙워크는 자동으로 돌아가지? 그런데 노란선 안에 있지 않고 노란선을 밟으면 잘못해서 신발이 빙빙 돌아가는 기계 속으로 빨려들어가 버릴 수도 있어. 특히 고무 신발은 더 그러기가 쉽대. 그래서 노란선을 밟지 않고 노란선 안에 서 있어야 해. 실제로 어떤 친구가 고무 신발을 신고 노란선을 밟고 서 있다가 사고가 나서 크게 다친 일도 있었대. 그런 일이 일어나면 안 되겠지?

그리고 쇼핑몰에 가면 막 뛰어다니는 친구들이 있어. 이렇게 사람도 많고 넓은 쇼핑몰에서 뛰어다니면 어떤 일이 벌어질까? 사람들이랑 부딪히거나 엄마아빠를 잃어버릴 수도 있어. 그럼 어떻게 해야 할까?
뛰지 않고 엄마아빠 잃어버리지 않도록 손을 잡거나 옆에 꼭 붙어서 가야 해. 그리고 카트는 원래 뭐에 쓰는 물건이야?
물건을 담는 것이야. 어떤 친구들은 카트를 타고 가는 친구도 있는데 카트는 원래 물건을 담는 것이고 여러 사람이 만지기 때문에 세균이 아주아주 많아서 카트에는 타지 않아야 해. 그리고 만약 어쩔 수 없이 카트를 탔거나 만졌다면 집에 와서 반드시 꼭 깨끗하게 씻어야 해. 내 몸에 묻는 세균이 다 떠내려갈 수 있도록. 그리고 카트는 장난감이 아니고 무겁고 위험한 것이기 때문에 엄마아빠가 끌고 가시게 하고 내가 끌고 가겠다고 떼쓰지 않아야 해.

쇼핑몰 갔을 때 지켜야 할 매너들도 많네. 근데 어렵지 않지?
우리 ○○이가 이제부터 쇼핑몰 갈 때 이런 매너들을 잘 기억하고 잘 지킨다면 엄마아빠는 ○○이랑 물건 사러 쇼핑몰 가는 게 너무너무 즐거울 것 같아. 잘 지킬 수 있을까?

그럼 쇼핑몰 가는 거 준비 한번 해볼까? 이제부터 우리 ○○이가 필요한 물건들을 적어보고, 또 얼마를 쓸 건지도 정해보자.

Let's Do It!

- **엄마아빠와 함께하는 쇼핑몰 놀이**

이제 실제로 쇼핑을 하는 것처럼 쇼핑몰 놀이를 진행하면 되는데, 대부분의 아이는 이 연령대에 용돈을 받지 않는다. 용돈을 받는 아이라면 용돈 중 얼마를 쓰게 할 건지를 정하고, 용돈을 받지 않는 아이라면 적당한 금액을 정해준다.
아이에게 종이와 연필을 주고 필요한 걸 스스로 적게 하든지, 글씨를 아직 쓸 줄 모르는 아이의 경우는 그림으로 표현하든지 부모님이 대신 적어준다. 이때 잡지나 신문지를 이용해 다양한 물건들을 오려서 쇼핑할 물건 리스트에 붙여보는 것도 좋은 놀이 방법이 된다.
집안의 곳곳에 잡지에서 오린 다양한 물건 사진들을 붙여두고 장바구니를 들고 다니며 사고 싶은 물건을 사고파는 놀이를 해본다. 이때 부모가 아이 입장이 되어 쇼핑리스트에 없는 것을 사달라고 떼를 쓰는 모습을 보여주며 아이가 스스로 그런 행동은 옳은 행동이 아님을 깨닫게 하는 것이 좋다. 놀이가 종료된 후엔 아이와 느낀 점들을 이야기 나누어 본다.

활동북_29p 쇼핑리스트 만들기(쇼핑리스트)

- **활동북을 활용하여 각 공공장소에 맞는 매너들을 알아봅시다.**

활동북_25p 공공장소 카드북 활용

07
박물관이 살아있다!

관람 매너- 극장, 박물관, 미술관

박물관이나 전시회에 갈 때마다 느끼는 것이 있다. 어쩌면 이리도 매너가 없는 사람이 많을까? 하지만 일부러 그러는 사람은 거의 없고 사실은 관람 매너를 몰라서 그러는 듯하다. 아무도 가르쳐준 사람이 없었을 테니까. '내가 내 돈 내고 그림 보고 공연 보러 가는데 무슨 행동을 하든 무슨 문제인가.'라고 생각하시는 우리 부모님은 없으리라고 생각하며 박물관이나 미술관, 오페라나 음악회 등 전시회나 공연 관람 매너에 대해 알아보겠다.

일단 공통으로 편한 복장은 크게 상관없으나 타인의 눈살을 찌푸릴 정도나 관람을 방해하는 정도의 노출 있는 옷이나 슬리퍼와 같이 걸을 때마다 소리가 나서 관람을 방해하는 신발은 지양해야 한다.

관람 시간은 순수해야 하며 전시회장이나 공연장에 입장하기 전에 핸드폰의 전원은 꺼두는 게 매너다. 옆 사람과의 대화도 최대한 자제해야 하며 간혹 사진 찍기가 허용되는 곳도 있으나 기본적으로 사진을 찍는다거나 전시물을 만지거나 하는 행위는 금물이다. 박물관이나 전시회에서 작품을 감상할 때는 이동순시를 준수하며 작품도 너무 가까이에서 보는 것보다 적정한 선 (작품 앞에 선이 있는 경우 그 선 정도 혹은 작품 전체가 한눈에 들어오는 정도의 거리)에서 감상하며 좀 더 자세히 오래 감상하고 싶은 작품은 뒤에서, 사람이 올 경우 작품에서 더 멀리 떨어져 뒷사람의 진로를 방해하지 않는다.

오페라나 음악회, 발레 등의 공연 관람 시에는 특히나 핸드폰의 불빛조차 방해가 되기에 핸드폰을 열어보는 행위는 절대 금물이며 벨 소리나 진동 소리는 공연자들에게 큰 방해가 될 수 있으니 반드시 핸드폰을 꺼두는 것이 매너이다. 공연이 끝났을 때는 만족했거나 만족하지 못했더라도 큰 박수로 화답해주는 것이 공연자에 대한 매너이다.

아이들이 이런 관람 매너를 배우지 못한 채 어른이 됐을 경우 초반에 언급한 것처럼 매너를 몰라 무례한 행동을 하게 될지도 모르니 어렸을 때부터 박물관, 전시회장, 공연장 등에 데리고 다니며 자연스레 매너를 익히게 하는 것이 좋겠다.

With kids

엄마아빠가 들려주는
관람 매너 이야기

아이에게 들려주세요
소중한 공룡들을 계속 볼 수 있게 해줘!

인성이는 어젯밤 공룡이랑 노는 꿈을 꿨어요. 너무너무 생생해서 살아있는 공룡을 만나보고 싶었을 정도예요.
그렇지만 공룡은 이제 더 이상 살고 있지 않아요. 아주아주 오래전에 살았는데 어느 날 갑자기 날이 너무 추워지면서 다 죽어버리고 말았대요. 그렇지만 땅속에 공룡들의 뼈가 남아 있어서 살아 있는 모습은 아니지만, 공룡들의 모습을 직접 만나볼 순 있게 되었어요. 바로 공룡 박물관에서요.

인성이는 엄마아빠와 두 동생과 함께 공룡 박물관에 갔어요. 마침내 공룡을 보러 박물관에 들어갔는데 오늘따라 사람들이 너무너무 많았어요. 관람 순서라고 적힌 화살표를 따라가며 여러 종류의 공룡을 보는데 꿈속에서 만난 티라노사우루스도 있고 트리케라톱스도 있어서 인성이는 정말 기뻤어요. 그런데 갑자기 뒤에서 꼬마아이늘이 뛰어와서 공룡에 부딪힐 뻔했어요.
"앗, 큰일이다!"
공룡은 흔들거렸지만, 다행히 무사했어요. 조금만 더 세게 부딪혔으면 공룡이 무너졌을지도 몰라요.

인성이는 두 동생과 함께 다음 순서의 공룡들을 보며 '이야 정말 멋있다.'라고 생각하며 좋아했어요. 다음 화살표를 따라가자 공룡들을 멋지게 그린 그림과 공룡 화석을 찍은 사진들이 있었어요.

그런데 어떤 아저씨가 사진을 찍는 게 아니겠어요. 사진 밑에는 사진을 찍지 말라는 표시도 있었는데 말이죠. 사진을 찍을 때마다 사진 찍는 소리와 플래시 불빛 때문에 사람들은 깜짝깜짝 놀랐어요.

그때 앞에 걸어가던 동생 하랑이가 쿵 하고 미끄러졌어요. 누군가가 쏟은 음료수를 밟고 미끄러진 거였어요. 인성이는 생각했어요. 하랑이가 만약에 미끄러져서 공룡화석에 넘어지기라도 했다면…… 아니면 음료수를 먹던 누군가가 음료수를 공룡 그림이나 사진에 쏟았다면 어떻게 됐을까? 사진이나 그림은 다 망가져서 사람들은 더 이상 그 그림이나 사진을 볼 수 없게 되었을 거라고 생각하니 끔찍했어요.

그런데 이번엔 꼬마 아이들이 그림을 막 만지는 게 아니겠어요?
"앗, 안 돼! 그렇게 만지다가는 그림물감들이 다 닳아 없어져 버릴 거야!"
인성이는 아이들을 말렸어요.
'아! 내 소중한 공룡들을 계속 보고 싶단 말이야! 공룡들을 보러 올 땐 매너 있게 해줘 제발!'
인성이는 속삭였어요.

How to talk 생각 나누기

교양 있는 어린이가 되려면, 꼭 기억해야 할 박물관 매너

⭐ 뛰어다니거나 옆 사람과 이야기하지 않고 조용히 관람하기
⭐ 음식물 가져가지 않기
⭐ 작품은 만지거나 사진 찍지 않기
⭐ 적당한 거리에서 관람하기

부모: 우리 오늘은 박물관에 가볼까? 박물관은 뭐 하는 곳이야? 공룡 박물관에는 공룡이 있고 만화 박물관에는 뽀로로랑 여러 만화주인공이 있어. 그 외에도 많은 박물관이 있어. 예쁘고 멋진 그림들이 있는 미술관이라는 곳도 있고. 우리가 이런 곳을 갈 때도 지켜야 할 매너들이 있는데 우리 ○○이는 박물관에 갔을 때 어떤 매너 있는 행동을 했을까?

박물관이나 미술관은 사람들이 그림이나 작품들을 눈으로도 보고 마음으로도 보는 곳이기 때문에 다른 사람들이 방해되지 않도록 조용히 봐야 해. 조용히 보려면 어떻게 해야 할까?
말로 하지 않고 마음으로 생각하고 옆 사람과도 꼭 필요한 얘기만 하는데 아주 작은 소리로 속삭여야 해. 어떤 사람은 휴대폰을 벨 소리로 해놓고 그냥 들어가는 사람도 있는데 모두가 조용히 공룡이나 그림을 보고 있는데 갑자기 휴대폰 벨 소리가 울리면 어떻게 될까? 놀라거나 방해가 되겠지. 그래서 휴대폰도 꼭 끄고 박물관에 들어가야 해. 그런데 어떤 친구들은 큰 소리만 내는 것이 아니라 뛰어다니는 친구들도 있대.

모두가 조용하게 그림이나 공룡을 보고 있는데 친구들이 뛰어다니면 사람들이랑 부딪힐 수도 있고 방해가 많이 될 거야. 그런데 공룡이나 멋진 그림을 볼 때 우리 ○○이는 어디에서 어떻게 볼까? 공룡이나 그림 아주 가까이에서 봐?

내가 너무 가까이 보면 내 뒷사람이나 옆 사람, 다른 사람들은 공룡이나 그림을 잘 볼 수 있을까? 보기 어려울 거야. 그래서 다른 사람도 같이 볼 수 있게 적당히 떨어져서 봐야 해. 그리고 적당히 떨어져서 봐야 공룡이나 그림이 더 잘 보인대. 너무 가까이에서 보면 바로 앞에 부분만 보이지만 조금 멀리 떨어져서 보면 전체가 다 보이거든.

그리고 신발도 사뿐사뿐 걸어서 다른 사람에게 방해가 안 되게 걷는 게 매너야. 그럼 음악회 같은 공연을 관람할 땐 어떻게 행동해야 매너가 있는 걸까? 조용한 음악이 흐르는데 큰 소리로 얘기하면 될까?

연주하는 사람들은 아주 작은 소리에도 방해되기 때문에 아주 조용해야 해. 그리고 연주가 끝나면 큰 박수를 쳐주는 게 매너야.

Let's Do It!

- **박물관으로 변신한 우리 집**
  집안을 박물관처럼 꾸며본다. 집 안에 있는 꽃병, 아이 인형, 액자 등을 작품으로 꾸며 관람 매너를 지키며 체험해본다.

- 활동북을 활용하여 각 공공장소에 맞는 매너들을 알아봅시다.

활동북_25p 공공장소 카드북 활용

CHAPTER
IV

관계 매너

01
친구들이 좋아하는 나의 얼굴은?
스마일 & 키즈 이미지

👫 표정 매너

사람들의 좋고 나쁜 이미지를 결정하는 가장 큰 요인이 무엇인 줄 아는가? 앨버트 메라비언 박사의 연구에 의하면 언어(말의 내용)는 7%, 청각(목소리의 빠르기나 억양)은 38%, 그리고 무려 55%가 외적 요인이었다. 외적 요인에는 한 사람의 외모나, 자세, 입은 옷 그리고 표정 등이 있는데 다양한 외적 의사 표현 방법 중 아이들이 가장 쉽게 하는 방법은 표정을 짓는 것이다. 기분에 따라 자기도 모르게 자연스레 얼굴에 나타나기 때문이다. 의사 표현하는 방법을 잘못 배우면 자칫 뜻대로 안 되거나 화가 나고 짜증 날 때 느끼는 그대로 찡그리고 화내고 짜증 내고 떼쓰는 아이가 된다. 그만큼 우리가 놓치고 있지만 사실 굉장히 중요한 매너인 표정 매너를 이번 챕터에서는 알아보겠다.

사람들이 좋아하는 표정은 어떤 표정일까? 누가 뭐래도 미소 짓는 표정일 것이다. 그런데 이 미소 짓기도 연습이 필요하다. 그렇다고 무작정 웃으라고 할 것이 아니라 아이와 놀이를 하면서 다양한 표정을 만들어보고 그 중 미소 짓는 표정의 중요성을 알려준 다음 습관적으로 미소 짓는 연습을 시켜야 한다. 그런데 그거 아는가? 미소 지으면서 나쁜 말 하기는 정말 어렵다는 거. 아이에게 미소를 지으면서는 예쁜 말밖에 할 수 없다는 것을 알려주자, 그러면서 또 예쁜 말 찾기 놀이를 하면 되는데 생각보다 쉽지 않다.

가장 예쁜 말은 상대방을 칭찬하는 것인데 칭찬도 연습이 필요하다. 칭찬은 구체적으로 해야 진심이 담겨 보인다. 예를 들어 어른들의 경우 "오늘 스타일이 너무 좋으시네요.", "오늘 미소가 유난히 예뻐 보이십니다." 등이 있을 수 있고 아이들 같은 경우에는 "오늘 머리핀이 정말 예쁘다!", "웃는 표정이 정말 멋져 보인다." 등이 있을 수 있다.

하나 팁을 드리자면 지난 인사 매너 챕터에서 배운 대로 인사 매너를 지키며 인사하고 인사말에 그치지 않고 구체적인 칭찬을 더 해준다면 상대방은 좀 더 친근함을 느끼게 될 것이다.

With kids

엄마아빠가 들려주는
표정 매너 이야기

아이에게 들려주세요

나는 웃는 얼굴이 가장 예뻐요.

"엄마야~나 놀고 싶단 말이에요."
오늘은 하은이가 독감에 걸렸어. 그래서 놀이터에 가지 못하고 집에서 쉬어야만 하는 날이래. 그런데 하은이는 밖에 나가 놀고 싶었는지 엄마에게 떼를 쓰기 시작했어.
"나가서 놀고 싶단 말이에요"
"하은이 밖에 나가 놀고 싶어요?"
"네, 나가서 미끄럼틀도 타고 그네도 타고 싶단 말이에요."
"그렇구나. 그런데 하은이는 지금 독감에 걸려서 많이 자고 물도 많이 먹고 푹 쉬어야 한대요. 더군다나 독감은 다른 사람들한테 옮길 수가 있어서 사람들 많은 데에 가면 안 된대요."
"싫어요. 그래도 나가 놀고 싶어요! 방에만 있으니까 답답하단 말이에요."

하은이는 엄마가 설명을 해줘도 듣지 않고 계속 떼를 썼어요.
"하은아 네 마음은 알겠는데 그렇다고 그렇게 안 예쁜 표정으로 짜증 내면서 말하면 엄마나 다른 사람들 기분이 어떨까?"

"슬프고 싶어요."
"그렇겠지? 그럼 어떻게 하면 좋을까?"
"또박또박 말해야 해요."
"그리고?"
"떼쓰지 않아요."
"그리고?"
"음…… 찡그리지 않고 말해야 해요."

하은이는 또박또박 말했어.
엄마는 하은이에게 스케치북과 색연필을 주셨어.
"하은아 밖에 못 나가서 답답하고 심심하겠지만 그래도 지금 나갈 수 없다는 걸 하은이도 알고 있지요?"
"네……"
"그럼 엄마랑 그림 그리기 놀이 할까?"
"좋아요!"
"자, 이제부터 얼굴 표정 그리기를 할 거야. 먼저 동그란 얼굴을 그리고…… 여기에 하은이가 아는 다양한 표정을 그려보자."
하은이는 쓱쓱 동그란 얼굴을 그리기 시작했어. 동그라미를 그리고 삐죽삐죽, 꼬불꼬불, 꾸불꾸불 머리카락을 그리고 귀도 그리고, 코도 그리고, 눈과 입만 남기고 다 그렸어.
"우리 얼굴에서 표정을 만드는 건 무엇일까?"
"눈! 입!"
"정답! 눈코입을 다른 모양으로 그려서 다양한 표정을 만들어보자."
하은이는 어느덧 기분이 좋아졌는지 그림을 열심히 그리기 시작했어요.
"다 그렸이요!"

"우아 잘 그렸네. 자, 그럼 표정을 설명해 줄 수 있어?"
"네, 이건 화난 표정, 이건 그냥 웃는 표정, 그리고 웃기는 표정, 졸린 표정."
"우아 그렇구나! 표정은 참 다양하구나. 어떻게 이렇게 표정이 다양할 수가 있을까? 어떨 때 이런 표정들을 지을까?"
"아 그건 화난 표정은 하랑이가 제 장난감을 뺏거나 오빠가 안 놀아줄 때 화가 나는데 그럴 때 짓는 표정이고, 엄마가 날 안아주시거나 사랑한다고 말해주실 때, 기분이 너무 좋을 땐 웃는 표정이고, 재미있거나 웃기는 일 있을 땐 웃기는 표정, 잠 올 땐 졸린 표정을 지어요."
"우아 그렇구나! 그런데 하은아, 하은이는 이 중에서 어떤 표정이 제일 좋아?"
"음…… 웃는 표정!"
"그렇구나, 왜?"
"제일 예뻐요!"
"맞아, 엄마 눈에도 그래 보여. 그리고 다른 사람들도 그럴 거야. 그런데 이렇게 웃는 표정, 예쁜 표정을 지으면 말은 어떻게 하게 될까?"
"음……"
"하은이는 웃는 표정을 지으며 너 싫어! 미워! 라고 말할 수 있어?"
"아니요. 안 돼요."

"그렇지? 웃는 표정을 하면 예쁜 말만 할 수 있어. 그렇다면 하은이는 이제 화가 날 때 짜증 날 때 화난 표정 짜증 난 표정을 하고 나쁜 말을 쓸 거예요? 아님 웃는 표정을 하고 예쁘게 말할 거예요?"

"웃는 표정을 하고 예쁘게 말할 거예요!"

"그렇구나. 그럼 예쁜 말은 어떤 말이야?"

"엄마 좋아! 예뻐! 엄마 사랑해!"

"엄마도 하은이 사랑해!"

엄마랑 하은이는 환하게 웃으며 꼭 껴안았어.

이렇게만 하면 인기 있는 사람이 될 수 있어요!

⭐ 언제, 어디서나 밝은 미소 짓기

⭐ 밝은 미소와 함께 예쁜 말하기

Let's Do It!

1. 동화를 읽어주고 동화에 나오는 것처럼 다양한 표정 그리기를 해본다.
2. 실제 얼굴 크기의 표정 가면을 만들어 쓰고 놀이를 해도 좋다.
   화난 표정의 가면을 쓰고 예쁜 말을 해본다. 미소 짓는 표정의 가면을 쓰고 예쁜 말을 해본다.
3. 어떤 표정으로 어떤 말을 할 때가 기분이 좋은지 이야기 나누어본다.

활동북_33p 표정 가면 만들기 키트 활용   준비물_ 가위, 색연필

02
따르릉! 언제나 바르게 당황하지 않고
전화 받을 수 있어요.

전화 매너

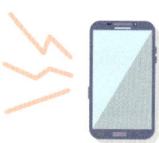

지금은 4차산업혁명 시대, 혹자는 인류를 포노(폰)사피엔스라고 부를 정도로 우리는 폰! 전화와 떼려야 뗄 수 없이 가까이하며 살고 있다. 그런데 전화를 사용하는 매너는 전화의 발전 속도를 따라가지 못하는 듯하다.

요즘은 아이들도 스마트폰 중독에 이를 정도로 아주 이른 나이부터 전화에 노출이 되고 있지만 역시나 마찬가지로 바른 휴대폰 사용 교육은 잘 이루어지지 않는 것 같다. 필자가 어릴 때만 하더라도 집집마다 집 전화가 있어서 전화사용예절에 대한 교육들이 이루어졌는데 요즘은 집 전화는 거의 사용하지 않고 개개인마다 스마트폰을 사용하고 SNS를 사용하기 때문에 그에 따른 매너도 전과는 조금 달라진 듯하다.

그러나 여전히 기본적으로 지켜야 할 매너는 있다. '너무 늦은 시간에 전화나 메시지 하지 않기. 전화할 땐 상대방이 전화 통화를 할 수 있는 상황인지 먼저 묻기. 전화를 걸었을 땐 먼저 내 신분 밝히기. 공공장소에서 큰 소리로 통화하거나 길게 통화하지 않기.' 등 기본적인 사항들을 먼저 알려주고 그다음에 아이들에게 맞게 더 강조할 부분들을 가르쳐주는 것이 좋다.

일단 같은 스마트폰을 사용해도 아이들과 어른들은 사용 패턴이 다르다. 어른들은 아직도 음성통화를 더 많이 사용하는 분들이 있으나 아이들의 경우 대부분 SNS를 하는 데 사용하거나 음악을 듣고 유튜브를 보는 등의 용도로 더 많이 사용한다. 스마트폰은 아이들의 가장 재미있는 장난감이자 친구이다. 늘 가까이 두고 싶어 하기에 시간을 정해서 사용하게 하지 않으면 자칫 중독되기 쉬우므로 규칙을 정해두고 사용하게 허용해야 한다.

With kids

엄마아빠와 함께 배워보는
전화 매너

통화 매너

★ 전화 받을 땐 당황하지 않고, '**여보세요.**' 하고 또박또박 말하고 상대방의 말을 잘 듣는다.

★ 잘 모르는 사람이거나 무슨 말인지 잘 모를 때는, "**누구 찾으세요?**" "**누구 바꿔 드릴까요?**" 하고 묻고

★ 바꿔줄 때는, "**잠시만 기다려주세요.**" 라고 말한 후 바꿔준다.

★ 잘못 걸린 전화일 경우, '**잘못 거셨습니다.**' 하고 말한 후 끊기 버튼을 꼭 눌러서 끊는다.

★ 너무 이른 시간이나 늦은 시간 혹은 식사 시간은 피해서 전화한다.

★ 전화할 때는 전화 건 곳이 맞는지 확인하고 먼저 내 신분을 밝힌다.

★ 상대방이 먼저 끊은 후 끊는다.

★ 꼭 할 말만 간단히 하고 끊는다.

여보세요

스마트폰 사용 매너

⭐ 동영상을 보거나 게임을 할 땐 정해진 시간만큼만 한다.
(어린이의 스마트폰 사용 적정시간은 20분 내외이다. 더하면 중독 위험에 있을 뿐 아니라 시력 건강에도 큰 악영향을 끼친다)

⭐ 어두운 곳에서 동영상 보지 않기

⭐ 길을 걸어가며 동영상 보지 않기

⭐ 공공장소에서 큰 소리로 전화 받거나, 동영상, 음악 큰 소리로 듣지 않기

Let's Do It!

● 따르릉따르릉 전화 왔어요!
  전화 받아보기, 걸어보기, 전화 받거나 걸고 끊을 때 인사하기

● 동영상(QR코드): 아이들에게 영상을 보여주며 전화 받기, 전화 걸기, 경찰·소방서에 신고 전화하기 등의 체험을 함께해보세요.

활동북_37p 전화 매너 가이드북   준비물_ 가위, 풀

03
다 내 꺼야!
내가 먼저야!

🚻 나눔 매너

유아기에는 자신의 필요와 욕구에 따라 생각하고 세상을 보기 때문에 이기적으로 행동하게 마련이다. 자기가 좋아하는 것을 나누어 가지기 싫어하고 재미있는 것도 자기가 먼저 하려고 하고 자신에게만 관심을 쏟아주기를 바라는 것은 아이들로서는 당연한 일인 것이다. 하지만 3세 후반 이후면 경험을 통해 다른 사람의 욕구도 알게 되고 규칙도 이해할 수 있게 되는데 이 시기 이후에 아이가 지나치게 이기적으로 행동하는 것은 아이의 성격 문제가 아니라 부모의 육아 태도 탓이라고 볼 수 있다.

일이십 년 전까지만 하더라도 강한 카리스마가 있는 사람이 성공하는 것으로 알려져 아이를 무조건 강하게 키우는 것이 좋다고 생각하기도 했으나 지금은 독단적이고 주변과 어울릴 줄 모르는 사람은 환영받지 못한다.
아이가 나눌 줄 모르고 욕심이 많거나 나밖에 모르는 이기적인 행동을 자꾸 한다면 먼저 아이가 나눔과 배려를 배울 수 있는 환경을 만들어야 한다. 아이들은 보고 듣는 말과 행동을 모방하며 배운다. 어른들이 먼저 가족들에게 배려하는 모습을 보여야 한다.

세상에서 가장 귀한 아이는 바로 내 아이다. 그렇다고 해서 사소한 것까지 하나하나 챙겨주는 과보호를 해선 안 된다. 아이가 해달라는 것은 무엇이든 부모가 대신 해주다가는 아이는 부모가 자신을 시중드는 것에 익숙해져 버린다. 아이가 스스로 할 수 있도록 시간을 가지고 기다려 주고 아이가 부모가 받아들일 수 없는 요구를 할 경우에도 시간을 가지고 아이를 이해시켜야 한다. 그렇지 않으면 자신이 원하는 것을 거부당하는 경험을 해본 적이 없기 때문에 아이는 자기 뜻대로 되지 않는 것을 이해하고 받아들이기 어려워한다.

요즘은 아이들이 친구 사귀는 것이 옛날처럼 쉽지 않다. 놀이터에서도 아이들의 떠드는 소리를 듣기가 어렵다. 엄마아빠부터 가까운 이웃과 밝게 인사 나누는 모습을 보여주고 유치원 친구든 학교나 학원 친구들과 어울릴 수 있는 자리를 만들어 주려 해보자. 친구들과 놀면서 아이는 여럿이 하는 놀이에는 순서를 지켜야 하거나 놀잇감을 나누어 사용해야 하는 상황을 겪고 다른 사람도 자신처럼 원하는 것이 있고 잘 놀기 위해서는 지켜야 할 규칙과 매너가 있음을 배우게 된다. 외동아이는 이런 경험이 부족해 이기적으로 되기 쉽다. 더군다나 엄마아빠가 놀아줄 때는 아이를 먼저 배려하기 때문에 규칙을 제대로 인지시키지 못하는 경우도 많다. 맛있는 것을 먹을 때도 아이부터 줄 것이 아니라 엄마아빠도 맛있는 것을 먹고 싶어 한다는 것을 깨닫게 해줘야 한다.

💀 첫째, 부모가 흥분하는 것은 금물

규칙을 지키지 않고 떼를 쓰는 아이를 처음에는 달래고 설득해보지만, 말이 통하지 않을 때가 있는데 이럴 땐 부모도 화를 내게 된다. 하지만 화를 내거나 "그러면 친구들이 널 싫어할 거야."라고 위협해서 행동을 고치려고 하면 안 된다. 그러면 화내지 않을 때는 똑같은 행동이 나타나고 만다. 화가 나더라도 엄마의 흥분부터 가라앉힌 다음 아이를 반복해 설득하면서 아이의 행동이 바뀔 때까지 지켜본다.

💙 둘째, 아이가 규칙을 이해할 때까지 기다려준다

아이가 차례를 지키지 않으면 욕심이 많다고 고민하기도 하는데 차례나 규칙을 이해할 수 있게 되는 것은 4세 정도부터다. 하지만 당장 이해시킬 수 없다고 해도 '차례대로' 할 것을 지속적으로 알려주는 것은 중요하다. 차례나 순서의 개념을 가르치지 않는다면 4세나 5세가 되어도 차례의 규칙을 이해할 수 없다.

나눔과 배려에 익숙하지 않은 아이는 다른 사람과 장난감을 나눠 가지거나 놀이터에서 놀이기구를 양보하지 않는다. 친구나 형제와 같이 나눠 가지거나 함께 가지고 놀라고 해도 "싫어 싫어, 내 꺼야." 하면서 만지지도 못하게 하기도 한다. 아이 친구 부모에게 민망한 마음에 "친구한테 양보해줘, 나중에 가지고 놀면 되잖아"라고 말해도 막무가내일 땐 억지로 뺏어서 주기도 하는데 이렇게 하면 좋아하는 장난감을 뺏긴 아이는 마음에 상처를 받는다. 이렇게 한 가지 장난감으로 다툼이 일어났을 때는 친구에게 더 좋은 장난감을 줘본다. 그 장난감도 가지려고 하면 둘 중에 하나만 선택하도록 유도한다. 독점할 기회를 주지 않고 자연스럽게 양보하는 훈련을 시킬 수 있다.

💙 셋째, 칭찬은 확실하게

아이가 훈육을 받으면서 점차 양보할 때도 있고 그렇지 않을 때도 있을 텐데 양보한 상황에 대해서는 곧바로 칭찬을 크게 해준다. 아이는 칭찬을 통해 어느 것이 해도 좋은 행동인지 아닌지 알게 된다. 칭찬이라는 기분 좋은 보상이 아이가 바람직한 행동을 더 많이 하게 만든다. 칭찬할 때는 "네가 친구에게 양보해줘서" "장난감을 사이좋게 잘 갖고 놀아서"라고 칭찬하는 이유를 분명하게 알려주도록 한다.

💙 넷째, 부모의 소유물을 존중하게 한다

부모만의 물건이 있다면 "이것은 엄마아빠의 물건이야. 너와 같이 쓸 수 있는 것이 아니야."하고 아이에게 말해준다. "안 돼. 만지지 마."하고 화내는 것이 아니라 만지지 않기를 바라는 엄마의 의사를 정확히 밝히는 것이다. 그런 과정을 통해 아이는 다른 사람의 소유물을 존중해야 한다는 배움을 얻게 된다. 나눔과 배려에 익숙하지 않은 아이를 보며 "왜 이렇게 욕심이 많을까? 얘가 혼자 자라서 좀 이기적이에요." 하는 식으로 단정을 지어서는 안 된다. 욕심이 많아서 그러는 것이 아니라 소유 개념을 아직 모르거나 관심을 가져주기를 바라서 하는 행동이기 때문이다. 혹은 실제로 욕심이 많다 해도 아이 앞에서 이렇게 말하는 것은 곤란하다. 부정적인 평가는 아이의 마음에 상처를 준다. 또 이런 표현이 암시되어 정말로 점점 더 이기적으로 행동할 수도 있다. 이런 아이들은 잠시도 혼자 있지 않으려 하고 엄마가 늘 자신과 놀아주기만을 원한다. 다른 일을 좀 하려고 하면 말썽을 부려서라도 관심을 끌려고 애쓰기 때문에 관심을 바라는 아이의 의도를 파악해야 한다. 말썽을 일으키고 떼를 쓰는 행동을 야단쳐서 그치게 하는 것은 의미가 없다. 관심을 끌려고 하는 아이의 의도가 무엇인지 알아야 한다. 그 마음을 알아주는 것으로도 아이는 위로를 받는다. 아이 친구의 머리를 쓰다듬으면 그걸 보고도 "우리 엄마야 만지지 마."하면서 친구를 밀기도 하는데 이럴 때 "친구를 칭찬해서 서운했구나? 친구가 아무리 예뻐도 엄마는 너를 제일 사랑해."라고 말해 준다면 아이는 충분한 위로를 받는다.

With kids

엄마아빠가 들려주는
나눔, 배려 매너 이야기

아이에게 들려주세요

모두 내 거야! 내가 먼저 탈 거야!

하은이는 방에서 그림책을 보고 있었어요. 그런데 밖에서 엄마가 부르셨어요.
"하은아~ 이거 오빠 방에 가져다주고 오겠니?"
엄마는 맛있는 오렌지가 담긴 접시를 주셨어요.
"어, 오렌지다! 이거 나 혼자 먹을래요. 먹고 더 주세요."
"하은아 오빠랑 같이 나눠 먹어야지."
"싫어, 싫어. 나 혼자 먹을래요."

동생이 방에서 장난감을 가지고 놀고 있었어요.
어? 동생이 가지고 노는 건 하은이가 좋아하는 장난감이었어요.
"이거 내 꺼야. 이리 내!"
"으앙~"
동생은 울음을 터트렸어요.

하은이는 오빠랑 동생이랑 놀이터에 갔어요.
그네에 한 자리가 비어있었어요.
하은이는 얼른 그네에 탔어요.

동생이 따라와서
"누나 나도 타고 싶어."
했지만 하은이는
"안 돼. 내가 먼저 탈 거야."
하고 양보해주지 않았어요.

동생이랑 오빠는 시소를 탔어요.
꺄르르르 꺄르르르 웃으면서 신나게 탔어요.
그걸 보던 하은이가
"나도 탈래."
하고 와서 같이 탔어요.

그러자 동생이 그네를 타려고 그네로 갔어요.
그걸 보던 하은이는
"안 돼. 내 꺼야."
하고 또 그네를 타기 시작했어요.
동생은 또 "으앙~" 울음을 터트렸어요.

오빠랑 동생은 놀이터가 재미없다며 집으로 갔어요.
놀이터에 혼자 남은 하은이는 그네가 재미없어졌어요.
시소도 재미없었어요.
다시 집으로 갔는데 집에선 하랑이와 오빠가 도미노 쌓기 놀이를 하고 있었어요.
하은이는 "나도 같이 놀고 싶어. 우리 같이 놀자."하고 다가갔어요.
오빠는 파란색을 동생은 초록색을 하은이는 분홍색을 차례차례 쌓으며 다 같이 놀았어요.
다 같이 차례대로 쌓으며 사이좋게 노니까 너무너무 즐거웠어요.

How to talk 생각 나누기

이야기를 듣고 난 후 아이가 느낀 점에 대해 이야기 나누고 아이도 그런 상황들이 있었는지 물어본다. 아이가 하은이가 된 경우나 동생이 된 경우에 아이는 어땠을지 물어보고 친구랑 더 사이좋게 지내려면 어떻게 해야 할지 아이의 생각을 들어본 후 친구랑 사이좋게 놀려면 어떻게 해야 할지 아이가 스스로 생각할 수 있도록 유도한다.

친구들과 사이좋게 지내기 위해 아이가 반드시 알아야 할 것

★ 친구와 놀 때는 차례차례 하기
★ 내가 좋아하는 것은 친구도 좋아하는 것, 사랑하는 친구에게도 기회 주기
★ 양보해주고 배려해 준 친구에게 감사 인사 꼭 잊지 말기

Let's Do It!

● 협동심을 길러주는 퍼즐 맞추기나 순서와 규칙 지키기를 익힐 수 있는 도미노 쌓기를 함께 해보세요.

04
친구와 다퉜어요!
어떻게 하죠?

화해 매너

직장인들 대상으로 많은 기관과 학자들이 '직장생활을 하며 가장 힘든 것은 무엇인가'라는 조사를 했는데 '조직 내 동료와의 관계에서 오는 스트레스'가 압도적 1위를 했다. 또한 컬럼비아 대학 MBA 과정에 다니는 성공한 CEO들을 대상으로 '내 성공에 가장 영향을 미친 요인은 무엇인가?'라는 조사를 한 결과, 1위는 '인간관계'였다. 좋은 인간관계가 아니었다면 성공하지 못했을 것이라는 의미이다. 타인과 함께 살 수밖에 없는 세상에서 어쩌면 당연한 결과가 아닌가 싶다.

그러나 좋고 원만한 인간관계는 노력 없이는 불가능하다. 의도하든, 의도하지 않든 내가 누군가의 기분을 상하게 할 때가 있고 상대방이 나의 기분을 상하게 할 때도 있고 심할 경우 다툼으로까지 번지기도 한다. 문제는 기분이 상하거나 다투고 난 후이다. 진정성 있는 사과와 용서가 있다면 화해하고 더 나은 관계로 발전할 수도 있지만, 상대방에게 진정한 사과를 받지 못할 경우 혹은 내가 사과를 해도 상대방이 받아들이지 않을 경우에 관계가 단절되거나 불편한 관계를 이어가야 하는 고통을 겪어야 한다.

이렇듯 어른들이 인간관계의 어려움을 느끼는 것처럼 아이들도 어려움을 느낄 때가 있다. 만 3세가 되면 대부분의 아이는 혼자 노는 것보다 친구와 노는 것을 즐기게 된다. 그러다 보니 친구와의 다툼상황도 자주 일어나게 된다. 친구와 다퉜을 때, 친구한테 질투나 서운함과 같은 부정적인 감정을 느꼈을 때 아이들은 어떻게 행동할까? 아직 아이들은 갈등을 해소하는 데 익숙하지가 않다. 이해하는 훈련이 부족한 아이들의 경우 아직은 감정처리에 미숙하기에 다툼이 생기면 바로 위축되어 아무 말을 못 하거나 '흥' 하고 삐치며 상황을 피해버리기도 한다. 그리고 때로는 친구를 밀치거나 때리거나 소리를 지르는 등 속상한 마음을 공격적으로 표현하기도 한다.

하지만 자신이 맞닥뜨린 상황이 어떤 상황인지 맥락으로 이해하고 나와 타인의 감정을 파악하며 자기 입장을 적절히 표현하고 갈등을 해소할 대안을 찾는 자세 등과 같은 '사회적 기술' 또는 '사회 정서적 역량'을 익힌 아이는 다툼이 생기더라도 금방 그 관계를 개선시키고 상처를 받는 일도 훈련이 안 된 아이들에 비해 훨씬 적다.

아이가 다툼을 잘 풀 수 있도록 도와줄 수 있는 부모의 세 가지 행동을 기억하자.

😊 경청하고, 공감해준다.

"그랬구나, 정말 속상했겠구나. 우리 ○○이는 이렇게 하고 싶었는데 친구 ○○이는 저렇게 하고 싶었던 거구나." 자기중심적으로만 생각해왔던 아이에게 '대화'하는 법을 알려준다. 대화의 시작은 적극적으로 경청하고 감정을 공감하는 것이다. 먼저, 올바르게 듣는 태도를 보여주고 엄마, 아빠가 말씀하실 땐 중간에 말을 끊지 않고 기다려 줄 것을 알려준다.

😊 감정을 조절하는 모습을 보여준다.

"속상해서 화가 많이 났구나. 잠시 쉬면서 생각해보고, 조금 뒤에 다시 말해보자."

마음이 상하면 더 이상 아무것도 듣지 않고 울며 떼쓰는 경우가 많다. 도와주려고 하는 것인데 부모의 감정도 덩달아 상하게 되기도 한다. 이럴 때는 격해진 감정이 조금 가라앉을 때까지 시간을 가져보자. 말없이 자리를 피하는 것이 아니라 서로 감정이 과해진 '상황'을 짚어주고 스스로 감정을 조절할 수 있도록 '시간 갖기'를 하는 것이다.

😊 함께 놀며 다투고 화해하는 과정을 경험시켜준다.

아이와 놀이를 할 때는 놀이 상황에서 생길 수 있는 다툼을 그대로 경험시켜준다. 함께 놀기 위해 공평하게 나누고 장난감의 개수가 적을 땐 기다리는 것이 필요하다. 이처럼 다양한 방법을 시도하면서 갈등을 해결하는 힘을 기를 수 있다.

With kids

엄마아빠가 들려주는
화해 매너 이야기

하랑이의 블록

지금은 자유시간!
하랑이는 블록 놀이가 너무 재미있어요.
하랑이가 가장 좋아하는 초록색 블록을 1층, 2층, 3층까지 쌓고 두 번째로 좋아하는 노란색을 그 위에 또 차곡차곡 쌓고 있었어요.
그런데 시호가 와서 하랑이의 블록을 만지작거렸어요.
하랑이는
"내 꺼야! 만지지 마."
라고 했어요.
하지만 시호는 하랑이랑 같이 블록 놀이하며 놀고 싶었어요.
"싫어. 나도 놀 거야."
라고 말하며 하랑이가 만든 블록성의 노란 블록을 빼앗아 갔어요.
하랑이의 블록성이 와르르 무너졌어요.
"안 돼!"
하랑이는 너무 속상하고 화가 나서 시호를 밀어버렸어요.
벌렁 뒤로 넘어진 시호는 "으앙" 하고 울음을 터뜨렸어요.
하랑이도 "으앙" 하고 울음을 터뜨렸어요.

How to talk 생각 나누기

하랑이와 시호에게 어떤 일이 일어났는지 아이에게 물어보고, 하랑이와 시호가 왜 그런 행동을 했을지 아이 스스로 생각해볼 수 있도록 질문한다. 아이는 이 과정을 통해 친구와 다투게 되면 내가 마음이 속상한 것처럼 친구의 마음도 속상하다는 사실을 깨닫게 된다.

부모: 하랑이랑 시호한테 무슨 일이 일어났어? 하랑이가 블록을 가지고 재미있게 혼자 놀고 있는데 시호가 와서 하랑이의 블록을 빼앗는 바람에 하랑이가 열심히 만든 블록성이 무너져 버렸어. 그런데 시호는 왜 하랑이의 블록을 빼앗았을까?

시호가 하랑이랑 놀고 싶어서 하랑이 옆에서 블록을 만지작만지작했지? 그런데 하랑이가 만지지 못하게 했어. 이때 시호 마음이 어땠을까? 하랑이랑 블록 가지고 놀고 싶은데 하랑이가 같이 놀아주지도 않고 블록도 만지지 못하게 했으니까 속상했을 거야. 그래서 그냥 하랑이가 만든 블록 성에 있는 노란색 블록을 빼앗아 버렸지. 그랬더니 하랑이의 블록 성이 무너져 버렸어.

그리고 어떤 일이 일어났어? 하랑이가 시호를 밀어버렸어. 그런데 만약에 시호가 하랑이한테 와서 같이 놀자고 시호 마음을 말했다면 어땠을까? 같이 사이좋게 놀았을 거야. 그런데 우리 어떨 땐 혼자 놀고 싶을 때도 있지? 그럴 때도 그냥 '싫어, 안 놀 거야.' 하면 친구 마음이 어떨까? 슬플 거야. 그럴 땐 어떻게 얘기해야 할까?

'나 지금은 혼자 놀고 싶어. 이따가 같이 놀자.'라고 하면 돼. 하랑이도 시호한데 '나 지금은 혼자 놀고 싶어. 블록은 내가 먼저 가지고 놀던 거니 이따 빌려줄게.

이따 같이 놀자.'라고 했다면 시호도 하랑이의 블록을 억지로 빼앗지 않았을 거야.

친구의 마음에 공감하는 법을 배웠다면, 내가 속상하더라도 먼저 사과할 줄 알아야 하고 친구가 먼저 사과하면 빨리 받아주어야 한다는 것을 알려주어야 한다. 아이가 화해하지 않으면 친구와 즐거운 시간을 보낼 수 없다는 것을 스스로 깨달을 수 있도록 대화를 진행해보자.

부모: 결국은 둘 다 울고 이야기가 끝났는데 이다음엔 어떻게 되었을까? 어떻게 되면 좋겠어?
친구랑 늘 사이좋게 지내면 좋을 텐데 우리는 가끔 친구랑 싸울 때가 있어. 일부러 그런 건 아닌데 내가 친구를 속상하게 할 때도 있고 친구가 나를 속상하게 해서 다툴 때도 있어. 그런데 다투고 나서 그 친구랑 다시 같이 놀자고 화해를 하지 않으면 어떨까?
다투고 나면 꼭 화해해야 해. 우리 만약에 종이가 찢어졌는데 테이프나 풀로 다시 안 붙이면 종이는 어때? 그냥 다시 붙을까? 아님 계속 찢어진 채로 있을까?

만약에 그 종이가 나한테 굉장히 소중한 거야. 그런데 풀이나 테이프가 없어서 붙이지 못해. 그럼 얼마나 속상하겠어, 그치? 마찬가지로 친구랑 나랑 처음엔 모르는 사였다가 친구가 되면 그 순간 친구와 나의 마음에는 우정이라는 마음 새싹이 자라. 친구에게 좋은 말을 해주고 웃어주고 친절하게 대해주고 사이좋게 지내면 내 마음과 친구의 마음에 있는 우정 새싹이 쑥쑥 잘 자랄 거야. 그런데 친구한테 나쁜 말을 하고 나쁜 표정을 짓고 화를 내거나 친구랑 싸우면 이 우정이라는 마음 새싹은 시들시들 죽어버릴 수도 있대. 우정 새싹이 죽어버리면 그 친구랑은 다시는 즐겁게 놀지 못하게 될 거야.

그래서 우린 평소에 이 우정 새싹이 잘 자라도록 친구랑 사이좋게 지내야 하고 만약 친구랑 다투게 되면 내가 먼저 "미안해."라고 말하고 또 친구가 미안하다고 말하면 빨리 "괜찮아 나도 미안해."라고 말하고 꼭 안아줘야 우정 새싹이 안 죽고 다시 쑥쑥 잘 자랄 수 있어.

Let's Do It!

- **우정 마음 새싹 키우기, 혹은 화분 키우기**

  평소 친해지고 싶은 친구를 생각하며 화분을 하나 준비해서 매일 매일 물을 주고 질 가꾸는 습관을 기른다. 화분에 물을 줄 때마다 '친구와 사이좋게 지냈으면 좋겠다.'는 마음을 담아 물을 주고 가꾼다.

  활동북_41p 우정 나무 만들기   준비물_ 종이, 가위, 풀, 필기도구

05
오늘 내 마음은 빨간색이야! 노란색이 아니라고! 내 얼굴이 하는 말!

👫 감정 표현 매너

다른 사람을 배려하기 위한 기본 매너는 다른 사람에 대한 감정을 이해하는 것에서부터 시작한다. 아이가 공감 능력이 떨어져 이기적으로 보여도 교육을 통해 발전할 수 있으니 미리 실망하지 말자.

공감 능력을 키우기 위해서 가장 먼저 할 일은 아이의 말을 경청하고 아이의 말에 반응을 확실히 보여주는 것이다. 아이는 부모와의 경험을 통해 타인과의 관계에서 어떻게 해야 할지를 배우게 된다.

아이의 말에 반응할 땐 먼저 아이의 욕구와 생각을 이해해준다. 이 과정을 통해 아이는 안정감을 느끼며 감정 표현을 더 잘할 수 있게 된다. 만약 아이의 욕구와 생각이 거부당한다면 아이는 감정 표현하는 것에 대한 트라우마가 생길 수 있다.

아이의 감정을 이해하는 모습을 보여준 후에는 다른 사람의 감정이나 생각을 읽는 연습을 하도록 한다. 책을 읽으면서 등장인물들의 느낌과 기분 등 감정에 대해 이야기를 나눠본다. 공감 능력이 부족한 아이는 남의 감정을 이해하지 못하기 때문에 감정에 대한 답을 하기 어렵다. 이때 부모가 감정에 대해 아이와 함께 이야기를 나누는 시간을 지속적으로 가지면 아이가 타인과 나의 감정을 이해하는 데 도움이 된다.

한편, 부모가 교육하는 것도 중요하지만 또래 친구들과 자주 어울리면 타인과 잘 지내는 법을 경험으로 터득하게 된다. 친구들과 다투고 화해하는 과정에서 자기 욕구대로만 되는 것은 아니라는 것을 스스로 깨닫게 되고, 또 자기의 생각을 친구들에게 설득하려면 어떻게 표현해야 하는지도 알게 된다.

감정 표현 단어에 대한 생각이 많아질수록 타인의 감정을 이해하고 표현할 수 있는 능력 또한 성장한다. 그렇기 때문에 부모는 감정에 대해 설명을 할 때 단답형보다는 정확히, 세분화해서 표현하는 것이 좋다.

[With kids]

엄마아빠가 들려주는
감정 표현 매너 이야기

오늘 내 마음은 빨간색이야, 노란색이 아니라고!

하은이는 표정이 없는 아이예요.
기쁠 때나 슬플 때, 화가 날 때도 하은이는 표정이 없어요.

오늘 아침. 하은이는 유난히도 일어나기가 힘들었어요.
어젯밤에 아빠가 사다 준 동화책을 읽느라 늦게 잤거든요.
더 자고 싶은데 엄마는 유치원에 늦겠다고 재촉을 하셨어요.

하은이는 부랴부랴 밥을 먹고 유치원 버스를 타러 내려갔어요.
그런데 뛰다가 그만 넘어지고 말았어요.

유치원 버스에 겨우 타고 하은이는 유치원엘 갔어요.

점심시간이 되었어요.
오늘의 메뉴는 카레와 감자전, 백김치 그리고 계란말이였어요.

오늘은 엄마가 데리러 오는 날이에요.

그런데 유치원이 끝나고 대부분의 친구들이 돌아갔는데도 엄마는 오시지 않았어요. 🔍

친구들이 하나도 남지 않고 모두 다 집에 가고 하은이 혼자 유치원에 남겨졌어요. 🔍

그때 "하은아" 하고 부르는 엄마 목소리가 들렸어요. 🔍

하은이는 그날 밤 꿈을 꿨어요.
꿈에서 하은이는 색깔 나라 친구들과 놀았어요.
각각의 색깔들은 마음을 가지고 있었어요.
초록색은 즐거움, 보라색은 아픔, 주황색은 신남, 빨간색은 슬픔, 회색은 답답함, 노란색은 기쁨을 가지고 있었어요.
색깔들은 하은이의 기분에 따라 나타났어요.
하은이는 오늘 하루의 일들을 생각했어요.

아침에 일어났을 때, 유치원 버스 타러 가다 넘어졌을 때, 넘어진 다리로 유치원에 갔을 때, 유치원에서 점심밥이 나왔을 때, 엄마가 데리러 오는 날인데 엄마가 오시지 않았을 때, 친구들이 다 가고 혼자 남아서 엄마를 기다리다 엄마가 오셨을 때…… 그런데 하은이의 기분과 다른 색깔들이 자꾸 나타났어요.

하은이는 사실 오늘 많이 피곤하고 지치고 힘들고 불안하고 외롭고 슬펐어요.
그런데 자꾸 기쁨을 가진 노란색이 나타났어요.
하은이는 답답했어요.
하은이는 소리쳤어요.

"오늘 내 마음은 빨간색이야! 노란색이 아니라고!"

How to talk 생각 나누기

동화를 한 번 읽어준 후 아이가 어떤 걸 느꼈는지 이야기 나눠본다.
그런 다음 한 사건씩(🔍 표시) 다시 읽어준 후 등장인물의 감정을 생각해보고 아이가 등장인물이 되었을 때 어떻게 표현하면 좋을지 이야기 나누는 시간을 가진다.

아이는 이 과정을 통해 감정을 이해하고 표현하는 방법을 스스로 터득할 수 있다. 이때 이 세 가지는 반드시 기억할 수 있도록 지도하자.

첫째, 감정은 내가 표현하지 않으면 남들은 절대 모른다.
둘째, 감정에 따라 표현하는 방법은 다 다르다.
셋째, 상대방의 감정이 어떨지 자꾸 생각해 보아야 한다.

Let's Do It!
- 책을 읽은 후 등장인물 되어보기. 내가 주인공이라면?

활동북_42p 나의 마음 책 만들기 　　준비물 흰 종이, 가위, 풀, 색연필, 사인펜

06
칭찬은 고래도 춤추게 한대!

칭찬 & 감사 매너

몇 년 전 세계적으로 선풍적인 인기를 끈 책이 있었다. 『칭찬은 고래도 춤추게 한다.』가 바로 그것이다. 칭찬과 격려, 감사가 좋다는 것은 누구나 추상적으로 알고 있지만 실험을 통해 칭찬과 격려, 감사 등 좋은 말이 관계에 있어 얼마나 긍정적인 효과를 미치는지 증명해낸 것이다. 무게 3톤이 넘고 바다의 포식자로 알려진 범고래가 환상적인 점프를 통해 멋진 쇼를 펼칠 수 있게 만든 것은 무엇일까?

'고래 반응'이라 불리는 범고래 훈련법은 성공적인 인간관계를 위한 훈련법과 다르지 않다. '고래 반응'이란 범고래가 쇼를 멋지게 해냈을 때는 즉각적으로 칭찬하고, 실수했을 때는 질책하는 대신 관심을 다른 방향으로 유도하며, 중간중간에 계속해서 격려하는 것이 핵심이다.

누구나 인간관계에서 긍정적 관심과 칭찬, 그리고 격려가 중요하다고 생각한다. 그러나 실제로 가정과 직장의 일상생활에서 다른 사람에 대해 긍정적 관심을 가지고 지속적으로 칭찬하고 격려하는 사람은 드물다. 오히려 우리의 삶은 타인에 대한 무관심과 부정적 반응으로 둘러싸여 있다. 잘 생각해보면 우리 모두는 가정과 직상에서 다른 사람들이 일을 잘하고 있을 때는 무관심하다가 잘못된 일이 생겼을 때만 흥분하고 질책한다. 그러한 부정적 반응에 둘러싸인 환경에서는 결코 사람들이 최선을 다하지도 않고 열정적으로 하지도 않는다.

이 챕터는 아이들뿐만 아니라 부모들이 더 많은 노력을 기울여야 한다. 칭찬과 격려, 감사와 같은 긍정적인 말들에 노출이 많이 된 아이와 질책, 분노와 같은 부정적인 말들에 노출이 많이 된 아이는 분명히 다르다. 또한 타인과의 관계에서 긍정적인 말들을 하는 아이와 부정적인 말들을 많이 하는 아이들의 인간관계 또한 아주 많이 다르다. 내 아이가 긍정적인 말들에 노출이 많이 되고 또 긍정적인 말들을 많이 하는 아이가 될 수 있도록 부모부터 일상생활에서 작은 것부터 실천해보자.

🚩 오늘부터 실천해볼까요?

⭐ 칭찬할 일, 감사할 일이 생겼을 때 즉시 표현하라.
⭐ 잘한 점을 구체적으로 표현하라.
⭐ 가능한 한 공개적으로 표현하라.
⭐ 결과보다는 과정을 표현하라.
⭐ 진실한 마음으로 표현하라.
⭐ 잘못된 일이 생기면 관심을 다른 방향으로 유도하라.
⭐ 가끔씩 자기 자신을 칭찬하라.

With kids

엄마아빠가 들려주는
칭찬 매너 이야기

칭찬은 물도 양파도 예뻐지게 해요.

물컵이 두 잔이 있었어.
한 물컵은 내가 좋아하는 그림이 그려진 물컵이었고 또 다른 물컵은 내가 싫어하는 그림이 그려진 물컵이었어.
내가 좋아하는 물컵에 든 물은 예뻐 보였고 다른 컵에 든 물은 안 예뻐 보였어.
그래서 나는 예쁜 컵에 든 물에는
"아이 예쁘다 넌 참 맑고 깨끗하구나. 너무 예뻐."
라고 했고, 다른 컵의 물에는
"못생겼어, 너 싫어."
라고 했어.

어느 날 현미경으로 물을 봤더니 예쁘다고 했던 물은 눈꽃처럼 예쁜 모양을 하고 있었고 나쁜 말을 들은 컵의 물은 찡그린 모양을 하고 있었어.

이번엔 양파 두 개를 키우게 됐어.
한 양파는 내가 좋아하는 화분에 넣고 매일매일 '예쁘다. 잘 커라, 사랑해.'라는 말을 해줬고 또 다른 양파는 아무 화분에나 넣고 기르면서 '넌 못생겼어, 너 미워.'라는 말을 했어. 그랬더니 얼마 후 좋은 말을 들은 양파는 싱싱하고 파릇파릇하게 잘 자랐는데 나쁜 말을 들은 양파는 시들시들 죽어버렸어.

How to talk 생각 나누기

아이에게 이야기를 들려주고, 칭찬과 감사와 같은 좋은 말들이 생명체에게 얼마나 큰 영향을 미치는지 다시 한번 아이가 생각할 수 있도록 도와주자. 아이는 이 챕터를 통해, 칭찬과 감사가 좋은 관계를 만드는 지름길이라는 것을 배울 수 있어야 한다.

칭찬과 감사, 왜 필요할까요?

★ 칭찬과 감사는 다른 사람을 더 사랑하는 방법
★ 칭찬과 감사를 할 땐 아끼지 말고 많이
★ 칭찬과 감사할 것이 보이면 바로바로
★ 칭찬과 감사는 구체적으로, 자세하게
★ 친구의 잘못은 이해해주기

부모: 우리 ○○이는 세상에서 가장 듣기 좋은 말이 뭐야? '사랑해, 고마워, 넌 최고야.' 같은 말은 참 듣기가 좋지? 그런데 이런 좋은 말들은 우리 ○○이만 좋아하는 게 아니라 엄마아빠도 좋아하고, 다른 사람도 좋아하고, 동물들도 좋아하고, 물이나 꽃들도 좋아한대.

아까 동화에서 읽었던 것처럼 세상 모든 것들은 칭찬하고 격려하고 감사하는 좋은 말들을 들으면 힘이 나고 기쁘고 잘 살지만 '너 미워, 너 싫어, 못생겼어, 너 나빠' 이런 안 좋은 말들을 들으면 너무너무 슬프고 힘들고 괴로워서 잘 살 수가 없대. 우리 ○○이도 엄마아빠한테나 다른 사람들이 칭찬해주고 고맙다고 말하고 좋은 말들을 해주면 너무너무 기쁘고 그 사람이 좋지만 ○○이한테 밉다고 하고 싫다고 하고 고맙다는 말도 안 하면 기분이 어때?

싫고 슬프고 그 사람이 싫어질 거야. 그럼 이제부터 다른 사람에게 어떤 말들을 해야 할까? 좋은 말을 많이 해줘야 해. 그런데 좋은 말을 할 때도 잘하는 방법이 있대.

먼저 친구가 멋진 행동을 하거나 고마운 행동을 하면 바로 멋지다고 칭찬하고 고맙다고 해야 해. 바로 칭찬하면 친구는 '아 나의 행동이 멋진 거구나, 아 내가 이렇게 하니까 친구가 고마워하는구나.'하고 다음번엔 더 멋진 행동을 많이 하고 더 많이 도와줄 거야. 그리고 자기를 칭찬해준 나에게 고마움을 느껴서 친구는 나를 더 사랑하게 될 거야. 그런데 친구들이 하는 멋진 행동은 뭐가 있을까? 어려운 친구를 도와주거나, 양보하거나, 배려하는 건 너무너무 멋진 행동이야. 그리고 친구가 그런 행동을 나에게 해주면 너무너무 고맙겠지? 그럴 땐 이렇게 말하면 돼. '친구야 네가 나를 도와줘서, 네가 나에게 양보해줘서, 나를 배려해줘서 내가 너무너무 고마워. 넌 정말 멋져 최고야!'라고 칭찬하면 돼. 그럼 친구 기분이 어떨까?
너무너무 기분 좋을 거야, 그리고 자기를 그렇게 칭찬해준 내가 너무 고맙고 사랑스러울 거야.

그리고 그 친구에게만 칭찬하는 것보다 다른 친구들이나 선생님 앞에서도 친구를 칭찬해주면 더 좋아. 친구가 멋진 그림을 그리면 다른 사람 앞에서도 그 그림을 자랑해주고 나를 도와줬다면 다른 사람 앞에서도 그 친구가 날 도와준 걸 얘기해주며 자랑해주면 그 친구가 더 기분이 좋아진대.

그런데 친구나 다른 사람이 항상 잘할 수만은 없잖아. 잘못했을 땐 어떡하지? 일부러 그런 게 아닌데 다른 사람한테 이르면 기분이 창피하거나 나쁠 수 있으니까 친구가 뭔가를 잘못했을 땐 먼저 '친구가 실수했구나'라고 이해해주고 친구에게 바른 방법을 알려주거나 도와주면 돼. 우리 앞으로는 세상에서 가장 예쁜 말, '사랑해, 고마워, 넌 최고야!'를 매일 만나는 모든 친구에게 하루에 세 번 이상씩 말해보기로 노력해보자.

Let's Do It!

- **나는야 칭찬대장! 감사대장!**

  칭찬과 감사하는 말들을 활동지에 적은 후 점선을 따라 오리고 붙인 후 확성기를 만들어 옆 사람에게 작은 목소리로 긍정의 말(칭찬, 감사)을 하며 순서대로 계속 이어 간다.

  활동북_46p 긍정의 말 (칭찬, 감사) 확성기 만들기 키트　　**준비물_** 가위, 풀, 색연필

07
시간 약속 지키기는 정말 중요해!

시간 & 약속 매너

세상은 약속으로 이루어졌다고 해도 과언이 아니다. 그런데 그 약속을 잘 지키는 사람이 있는가 하면 밥 먹듯이 어기는 사람도 있다. 약속을 잘 지키는 사람은 타인에게 신뢰감을 주고 환영받지만 약속을 어기는 사람은 실망감을 주고 환영받지 못한다. 약속을 잘 지키는 것은 아이들의 사회관계에서도 중요한 요소이다.

하지만 약속을 지켜야 한다는 책임감보다 원하는 대로 하고 싶은 욕구가 더 큰 어린아이의 시기에는 자기 욕구를 해소하기 위해 약속을 남발하며 부모나 친구, 선생님 등 주변 사람들의 마음을 상하게 하거나 당황하게 하는 경우가 많다. 아이가 약속을 잘 지킬 수 있도록 하게 하기 위해서는, **약속의 의미와 책임감의 중요성을 일깨워주고 자기 통제력을 키워주는 부모의 노력이 필요하다.**

약속은 타인과의 관계에서 이루어지는 사회적인 행동이기 때문에 자기중심적 성향을 가진 아이들이 그 개념을 이해하기란 쉬운 일이 아니다. 하지만 만 6세 정도 아이부터는 언어 및 인지 능력이 이전보다 많이 발달하여 규칙이나 약속의 의미를 말과 행동으로 설명해주면 이해가 가능하다.

또한 혼자 놀기보다 힘께 놀기를 즐겨 하는 시기인 만큼 친구나 가족과 약속하는 빈도가 높을 뿐 아니라 약속을 잘 지키는지 아닌지에 따른 영향도 크다. 그래서 서로 즐겁게 어울리기 위해서는 함께 한 약속을 잘 지켜야 함을 알려주고 깊이 이해하는 것이 그만큼 중요하다.

약속의 개념을 배우는 이때부터 약속을 잘 지키는 것의 중요성과 방법을 올바르게 배우는 것이 아이가 타인과 건강한 사회관계를 맺는 중요한 기초 습관을 형성시켜준다. 앞서 우리는 아이가 자신의 감정을 인식하고 표현하는 방법을 알아보았다. 어느 정도 훈련이 되었다면 자기 통제력을 기르기도 어렵지 않다.

With kids

엄마아빠가 들려주는
약속 매너 이야기

약속은 지키라고 있는 거야!

내일은 즐거운 소풍날.
공원에 가서 친구들과 즐겁게 놀고 맛있는 도시락을 먹을 생각에 들떠서 하랑이는 잠이 잘 오지 않았어요.
'아 너무너무 기대 돼! 신나게 놀아야지.'

다음 날 아침, 친구들을 태운 버스는 하랑이네 집 앞에서 하랑이를 기다렸지만 하랑이는 시간이 다 되도 나오지 않았어요. 늦잠을 잤거든요.
"하랑이 왜 안 오지?"
친구들은 하랑이가 빨리 오기만을 기다렸어요.
기다리다 못한 버스가 떠나려던 순간
"잠깐만요! 저 안 탔어요!"
하랑이는 헐레벌떡 버스에 올라탔어요.
하마터면 하랑이는 버스를 타지 못해서 소풍도 못 갈 뻔했어요.

소풍을 가서 하랑이는 친구들과 술래잡기 놀이를 했어요.
술래가 된 하랑이는 술래잡기 놀이의 규칙들을 지키기가 싫었어요.

하랑이는 규칙을 지키지 않고 친구들을 잡기 시작했어요.
그러자 친구들은
"하랑이는 왜 규칙을 안 지킬까?"
하며 하나둘 하랑이와 놀이를 하기 싫어하게 됐어요.
하랑이는 친구들이 놀아주지 않자 심심했어요.
이제 집에 돌아갈 때가 되었어요.
선생님께서는 아이들에게 차 타기 전에 화장실만 다녀오라고 하셨어요.
하지만 하랑이는 조금 더 놀고 싶었어요.
그래서 친구들이 화장실 다녀와서 모두 차를 탄 후에도 차에 타지 않고 조금 더 구경을 다녔어요. "하랑아, 하랑아~"
선생님이 하랑이를 애타게 부르는 소리가 들려서야 하랑이는 차로 갔어요.
"하랑아 어디에 갔었던 거니? 하랑이가 길을 잃어버린 줄 알고 우리 모두 얼마나 걱정했는데. 그리고 친구들이 하랑이를 얼마나 기다렸는지 아니?"
"아…… 죄송합니다."

하랑이는 아차 싶었어요.
그냥 조금 더 놀고 싶어서 구경 다니고 놀았던 것뿐인데……
그리고 돌아보니 친구들하고 놀 때도 그냥 규칙을 지키는 것이 귀찮고 싫어서 내 마음대로 했을 뿐인데……
친구들이 나 때문에 기다리고 걱정하고 불편했을 거란 생각을 하니 하랑이는 친구들에게 미안한 마음이 들었어요.
'친구들이나 선생님, 부모님 그리고 다른 사람들과 더 잘 지내려면 약속을 지켜야 하는구나.'
깨달은 하랑이는 이제부터는 시간 약속도, 놀이 약속도, 생활하면서 지켜야 할 약속도 잘 지켜야겠다고 생각했어요.

How to talk 생각 나누기

약속은 꼭 지켜야 하는 것이에요!
⭐ 시간 약속, 놀이 약속, 생활습관 약속 기억하기
⭐ 약속한 것은 잊어버리지 않도록 적어두기

부모: 이야기를 듣고 나니 어때? 무슨 생각을 했어?
하랑이는 무슨 약속을 안 지켰지? 술래잡기 약속도 안 지키고 집에 돌아가야 하니까 버스에 타야 하는데 그 시간도 안 지켰어. 그리고 아침에 친구들과 만나는 시간에도 제시간에 나오지 않았어. 이렇게 시간약속을 지키지 않아서 어떻게 됐지?
소풍도 못 갈뻔했고 친구들도 기다리게 했지? 만약에 아주 추운 날이나 비가 많이 오는 날 친구랑 만나기로 한 약속 시간에 늦으면 어떻게 될까?
약속한 시간에 나타나지 않으면 다른 사람이 이렇게 오래 기다려야 해. 추울 때나 비가 오는 날이나 더운 날이면 얼마나 힘들겠어. 날씨가 좋아도 기다리느라 다리도 아프고 힘들 거야. 또 친구는 나와의 약속을 소중히 생각해서 제시간에 맞게 나왔는데 내가 늦으면 친구는 마음이 어떨까? 많이 속상할 거야. 그래서 시간 약속은 꼭 지켜야 하는 거야.

마찬가지로 시간 약속뿐만 아니라 놀이할 때도 우리가 지켜야 할 약속이 있지? 그걸 규칙이라고 하는데 규칙을 안 지키면 어떻게 될까?
놀이가 엉망이 될 거야. 친구들도 속상해서 규칙을 안 지키는 친구랑은 놀기 싫어할 거고. 이처럼 약속을 지키는 건 친구들과 내가 사이좋게 지낼 수 있는 아주 중요한 거야. 또 엄마아빠, 선생님과도 너 사랑하며 지낼 수 있는 좋은 방법이야. 우리 그럼 이제부터 약속은 꼭 지키기로 약속해 볼까?

Let's Do It!

- **놀이 약속 상자 만들기!**

  놀이를 통해 아이들은 자기 통제력에 도움이 되는 충동을 억제하는 연습을 할 수 있다. 먼저 아이와 함께 놀이할 수 있는 시간에 놀이한다. 약속 놀이는 아이가 약속하기를 여러 번 경험했지만 지키길 어려워하는 시기에 진행하면 효과적이다. 아이가 약속을 이해하기 시작했을 때도 이 놀이를 활용하면 약속에 대한 올바른 자세를 기르게 될 것이다. 약속에 대한 이해를 키우는 놀이를 순차적으로 진행해 보자.

  놀이 약속 상자란 놀이할 때 지켜야 할 약속들을 적어서 넣어놓는 상자이다. 스스로 지켜나갈 수 있는 일을 생각하며 약속의 중요성을 경험하고 지키려는 마음을 가질 수 있게 된다.
  놀이할 때마다 놀이 약속 상자를 옆에 두고 논다. 부모와 약속된 놀이를 하며 애착을 높이고 '놀이 약속 상자'를 보며 약속을 지키는 것의 소중함을 경험한다.

  활동북_45p 놀이 약속 상자 만들기

08
정정당당, 페어플레이!
스포츠맨십 배우기

스포츠 매너

아이들이 친구들과 놀이터에서 놀고 장난감을 가지고 놀 때 지켜야 할 규칙과 매너가 있듯이 스포츠 게임을 하거나 관람할 때도 지켜야 할 규칙과 매너가 있다. 규칙을 지키고 정정당당하게 게임을 하는 것을 페어플레이라고 하는데 페어플레이를 하지 않거나 상대방을 배려하는 매너가 없다면 게임을 하는 본인뿐 아니라 동반자들 또한 기분이 상해서 게임을 즐기지 못하게 된다.

스포츠 게임을 관람할 때도 관중으로서 지켜야 할 매너가 있다. 관중으로서의 매너를 지키지 않으면 같이 관람하는 다른 관중들에게 폐를 끼칠 뿐 아니라 선수들에게까지 영향을 미쳐 게임을 망치고 만다. 날이 갈수록 여가 스포츠를 즐기는 사람들이 많아지고 있는데 그에 따른 성숙한 시민의식과 매너 있는 행동도 갖추어야 할 것이다.

스포츠 종목별로 지켜야 할 규칙이나 매너는 너무도 많고 다양하다. 그렇기 때문에 새로운 스포츠를 배울 땐 기술부터 배우기 전에 지켜야 할 규칙과 매너부터 배우고 시작하는 것이 좋다. 아무리 실력이 좋아도 페어플레이하지 않고 매너가 없다면 누구도 그 사람을 멋지다고 생각하지도 않고, 또 그 사람과 같이 게임 하고 싶지 않을 것이다. 아이들 같은 경우 안전과도 관련될 수 있으니 특별히 더 주의와 지도가 필요하다.

`With kids`

엄마아빠와 함께 생각해보는
스포츠 매너

우리 아이가 스포츠를 좋아한다면, 아이가 스포츠를 정말 재미있게 즐길 수 있도록 몇 가지 지도가 필요하다.

스포츠를 제대로 즐기려면,

- ★ 페어플레이 정신을 기억한다.
- ★ 스포츠 매너를 지켜야 한다.
- ★ 이기는 것이 중요한 것이 아니라 스포츠 매너를 지키며 즐겁게 하는 것이 중요하다.
- ★ 지더라도 상대방을 박수쳐 줄 수 있어야 한다. "정말 멋지다 축하해."
- ★ 이겼다고 상대방을 무시하지 않고 진 상대방의 마음을 위로해준다.
  "너도 다음에 이길 수 있어."

위의 사항들을 숙지 시켜 준 후 아이들과 좋아하는 스포츠 게임에 대한 이야기를 나눈다. 좋아하는 스포츠 게임이 없으면 아이의 성향에 맞는 하나를 정해서 가르쳐 준다. 관련 동영상을 보여준 후 경기 규칙을 설명해준다.

게임을 해보고 부모는 일부러 규칙을 지키지 않는 상황도 연출해본다. 게임을 끝내고 규칙을 지키지 않았을 때 어떤 기분이었는지에 대한 이야기를 나누며 스포츠 게임을 할 때 페어플레이를 하고 매너 있게 해야 하는 것의 중요성을 알게 한다.

Let's Do It!

- 좋아하는 스포츠 게임 해보기
- 아이에게 다양한 스포츠 장면들을 보여주고 OX 퀴즈 풀어보기

활동북_49p OX 퀴즈, '페어플레이일까요, 아닐까요?'

09
먼저 잘 들어야 잘 이야기 할 수 있어요!

어린이 스피치 매너

오늘날은 스피치의 시대라고 해도 과언이 아니다. 미국의 경제학자 피터 드러커 박사는 "21세기는 스피치와 리더십의 시대로서 인간에게 가장 중요한 능력은 자기표현이며 현대의 경영이나 관리는 커뮤니케이션에 의해 좌우된다."고 하였다. 여기서 스피치란 예전처럼 웅변이나 연설 등 특별한 경우에만 국한되는 것이 아니고 일상생활에서 쓰는 다양한 형태의 표현 방법을 말한다. 스피치를 잘 하려면 어떻게 해야 할까? 몇 가지만 기억하면 된다.

첫째, 잘 들어야 한다.

잘 말하기 위해선 먼저 상대방이 하는 얘기를 경청, 즉 잘 듣는 게 우선이다. 상대방이 무엇을 말하고 무엇을 원하는지 알아야 그에 맞는 대답을 해줄 수 있기 때문이다.

둘째, 경청할 땐 맞장구를 쳐주며 호응을 해줌으로써 상대방에게 내가 대화에 집중하고 있다는 표현을 해주다.

셋째, 내가 말할 땐 T.P.O (Time, Place, Occasion)에 맞는 자세를 취하

며 상대방의 눈과 얼굴을 보며 정확한 발음과 적절한 보이스로 말해야 한다.

내가 지금 잘 말하고 있는지 녹음을 해서 들어보며 진단해보는 것도 스피치 연습의 좋은 방법이다.

우리 아이들의 경우 정확한 발음, 목소리 크기, 자세만 신경 써줘도 크게 바뀌었다는 느낌을 받을 것이다. 그러나 역시 가장 중요한 것은 먼저 경청하는 것임을 알게 하고 경청 연습을 하게 해주어야 한다.

With kids

엄마아빠와 함께 배워보는
스피치 매너

How to talk 생각 나누기

잘 들으려면 어떻게 해야 할까요?

★ 몸을 베베 꼬거나 다른 데를 보지 않고 바른 자세로 듣는다.
★ 말하는 친구의 눈을 보며 가끔씩 고개를 끄덕여준다.
★ 친구가 이야기하는 도중에 끼어들지 않고, 친구의 이야기가 끝날 때까지 기다린다.

부모: 우리 ○○이는 친구들이랑 얘기하는 거 재미있어? 친구들이랑 놀 때 내가 이야기하는데 친구가 자꾸 내 얘길 안 들어 준다면 어떨까? 그리고 내가 이야기하는데 친구가 자꾸 끼어들어서 내가 이야기하는 걸 방해하면 기분이 어떨까? 화도 나고 속상할 거야. 마찬가지로 우리 ○○이가 다른 사람의 이야기를 들어주지 않는다면 그 친구들도 속상할 거야. 그리고 그 친구 얘길 잘 듣지 않으면 그 친구의 마음을 알 수 있을까?

그 친구가 무슨 생각을 하는지 무슨 말을 하려고 했는지 알 수가 없지. 만약에 그 친구가 선생님 심부름으로 우리 ○○이한테 무슨 말을 하려고 온 거였다면? 예를 들어 '○○이 엄마가 ○○이 데리러 오셨으니까 ○○이는 나갈 준비하세요.'라고 말을 전해주려고 했는데 ○○이가 안 듣고 딴짓만 하고 있었다면 어떻게 됐을까?

엄마가 밖에서 계속 기다리고 계셨어야 했을 거야. 그러니까 다른 사람하고 얘기할 땐 꼭 그 사람이 무슨 얘길 하나 이야기가 끝날 때까지 잘 들어줘야 해. 들을 땐 내가 잘 듣고 있다는 표시로 그 친구를 보면서 고개를 끄덕끄덕 해주면 돼. 그러면 친구도 '아, ○○이가 내 얘길 잘 듣고 있구나.' 하고 기쁠 거야.

그리고 상대방의 이야기를 들을 땐 어떻게 하는 게 매너랬지? 상대방이 얘기하는데 막 누워서 듣고 중간에 막 끼어들어서 방해하면 될까? '내가 얘기를 잘 듣고 있어요.'란 신호로 고개를 끄덕끄덕, 너무 자주 하지 말고 가끔 끄덕여주면 돼.

그럼 이제부터 경청게임을 해볼 거야. 경청은 상대방의 얘기를 잘 들어주는 걸 말해. 엄마가 동화책을 읽어줄 건데 잘 듣고 나중에 엄마가 내는 문제를 맞히는 거야.

잘 듣지 않으면 답을 못 맞히겠지? 자, 그럼 이제 동화 속으로 빠져볼까?

Let's Do It!
- 경청게임: 아이가 좋아하는 동화책을 읽어주고 그 안에서 퀴즈를 낸다.

10
모두 다른 생각 주머니!

어린이 스피치 매너 11

스피치를 잘하기 위한 첫걸음, 경청훈련과 더불어 수반되어야 할 것이 있다. 다른 사람의 생각이 나와 다를 수 있다는 것은 인정하는 것이다. 잘 듣는다는 것은 그냥 귀로만 듣는 것이 아닌 생각과 마음을 열고 모든 사람이 나와 같은 생각을 하는 것은 아닐 것이라는 가정하에 다른 사람은 나와 전혀 다른 반대의 생각을 할 수도, 미처 내가 생각하지 못한 것들을 생각할 수도 있으며 심지어 나보다 더 좋은 생각을 할 수도 있다는 것을 인정해야 한다.

흔히들 나이 든 사람들의 생각은 바꿀 수 없다고 한다. 물론 연륜과 경험에 의해 판단을 하는 것도 있지만 어렸을 때부터 다른 사람의 생각을 인정하는 교육과 훈련을 받지 못해 나이가 들수록 자기만의 아집과 고집이 굳어지기 때문이다. 그런데 이렇게 다른 사람들의 생각 차이를 인정하지 못하는 사람과는 제대로 된 대화를 할 수가 없다.

아이들의 친구 관계에서도 마찬가지이다. 내 생각만 옳다고 주장하는 아이들은 다른 아이들로부터 환영받지 못한다. 어렸을 때부터 남들로부터 생각과 의견을 거부당한 아이는 트라우마가 생겨 자신의 의견을 내는 것에 대한 두려움으로 소심한 아이가 될 수도 있거나 반대로 분노로 인해 공격적인 성향을 가진 아이로 성장할 수 있다.

 부모가 아이들에게 생각의 차이를 인정하는 교육을 할 때는 먼저 부모부터 아이의 말을 끝까지 듣고 아이가 설령 틀린 이야기라 해도 "아니야, 그건 틀렸어! 그러면 안 돼!"라고 하는 것이 아닌 "그래? 그렇게 생각하는구나, 그럴 수도 있겠다. 그것도 좋은 생각이야."라고 먼저 아이의 생각과 의견을 받아준다.
 그러고 나서 단순히 부모가 원하는 생각이 아닌 정말 잘못된, 틀린 생각이라면 아이의 입장에서 받아들일 수 있는 내용으로 쉽게 풀어 설명해주어 잘못된 생각을 올바르게 바꾸어주면 된다. 여기서 주의할 것은 단순히 부모가 편해지자고 부모의 의견대로 아이의 생각을 바꾸려 해선 안 된다는 것이다.
 아이가 정답을 말하거나 바르고 좋은 생각이나 기발한 생각을 말한다면 아낌없이 칭찬해준다. 아이는 자신의 생각과 의견이 받아들여진 기쁨과 성취감을 느껴 더더욱 의견을 말하는 것에 자신감을 가지고 적극적으로 말하며 창의적인 아이로 성장하게 된다.

With kids

엄마아빠와 함께 배워보는
스피치 매너

How to talk 생각 나누기

> 모두 다른 생각 주머니를 가지고 있어요.
> ★ 나와 생각이 다르다고 해서 틀린 것은 아니에요.
> ★ 나와 생각이 달라도 이해할 줄 알아야 해요.

부모: ○○아 유치원(학교) 재미있어? 뭐가 재미있을까? 유치원에서 제일 중요한 건 친구들하고 잘 지내는 걸 배우는 거야. 친구들은 다 다르게 생겼지? 친구들이 다 다르게 생긴 것처럼 생각도 다 달라. 물론 쌍둥이처럼 어떤 때는 나와 같은 생각을 하는 친구가 있을 수도 있어. 그런데 생각이 나와 다르다고 해서 그건 나쁜 걸까?

우리의 머리에는 생각 주머니가 들어있는데 모든 사람의 생각 주머니는 모양도 다르고 색깔도 다르대, 무지개처럼. 나쁘고 틀린 것이 아니라 우리의 얼굴이 다른 것처럼 그냥 다른 것일 뿐이야. 무지개는 빨강 주황 노랑 초록 파랑 남색 보라 일곱 가지 다 다른 색깔들이 모여서 무지개가 됐어. 이 중에 나쁜 색깔이 있을까?

나쁜 색깔은 없어. 그런데 이 모두 다른 색깔들이 모이니까 뭐가 됐어? 너무 예쁜 무지개가 됐지? 세상은 이렇게 다 다른 색깔과 다른 모양의 생각 주머니를 가진 사람들이 모여서 살고 있어. 그런데 어떤 사람이 나와 다른 생각을 하는 사람한테 "네 생각은 틀렸어."라고 한다면 어떨까?

'아 너는 그런 생각을 하는구나, 그렇게 생각하는구나. 그럴 수 있어.'라고 인정해줘야 해. 그래야 세상은 더 아름다울 거야. 엄마아빠랑 우리 좋아하는 것들에 대해 이야기 나눠볼까?

그런데 지켜야 할 매너가 있어. 말했듯이 나랑 생각이 다르다고 해서 틀린 건 아니니까 상대방이 얘길 하고 나면 '그래 그렇게 생각하는구나. 그럴 수 있어. 그것도 좋은 생각이야.'라고 얘기해주는 거! 할 수 있겠지?

> **Let's Do It!**
>
> - 좋아하는 동물을 그리고 색연필로 꾸며본 후 왜 이 동물들을 좋아하는지 동물들은 어떤 특징이 있는지 이야기 나누기
>
> 활동북_50p 여러 가지 동물 그림

11
엄마아빠 저 할 말 있어요!

어린이 스피치 매너Ⅲ

스피치 교육을 할 때 많은 부모들이 아이들이 다른 사람 앞에서 발표를 잘할 수 있도록 훈련해달라고 한다. 그런데 우리 아이가 다른 사람들과 대화할 때 두려워하거나 소심하다면 **먼저, 아이의 자존감과 자신감을 길러줘야 한다.**

어느 날 한 아이의 상담을 하게 되었다. 아주 예쁘장한 일곱 살의 여자아이였는데 이 아이의 엄마가 유치원 상담 기간에 선생님과 상담하다 깜짝 놀랐다고 한다. 집에서 가족들과 있을 땐 너무도 말을 잘하는 아이인데 유치원에서는 거의 말을 안 하고 해도 아주 작은 소리로 이야기한다는 것이었다. 이 상태가 지속되면 초등학교에 가서도 교우 생활하는 데 지장을 줄 수 있을지도 모르겠다고 했다는 것이다.
이 아이의 경우 가슴으로 품은 아이인데, 같이 살게 된 지 얼마 되지 않아 아이의 마음속에 아직 상처가 남아있어서 불안정함 때문에 그랬을 수도 있다. 그렇지만 아이의 상처가 나아지기만을 바라고 아이를 그냥 그렇게 둘 수만은 없었다. 그래서 아이가 안정감을 가질 수 있도록 전보다 더 많이, 자주 사랑한다는 표현을 해주고 '끝까지 널 지켜줄 거야, 어떤 일이 있어도 엄마는 네 편이야.'라는 표현을 계속해주게 했다.

슬슬 안정감을 느끼고 자존감과 자신감이 생긴 아이는 조금씩 변하기 시작했다. 그리고 상대방에게 내 생각을 이야기한다는 것이 왜 중요한지를 반복해서 설명해주게 했다. 지금 이 아이는 일 년 전과 비교했을 때 전보다 친구들이나 선생님께 훨씬 더 이야기를 잘하게 되었다고 한다. 그러다 보니 친구도 전보다 많아진 것 같고 요즘은 학교 가는 게 즐겁다고 한다. 얼마나 다행인 일인가.

다음은, 아이가 말을 할 때 그냥 말의 내용만 신경 써선 안 된다.
우리는 앞의 표정매너에서 말의 내용은 7%, 목소리 톤이나 억양, 빠르기 등은 38%, 그 외 외모나 자세 등 외적으로 보이는 요소들은 무려 55%를 차지한다는 것을 확인했다. 말로만이 아닌 눈으로도 대화를 하는 것이다. 그렇기 때문에 누군가와 대화를 할 때나 여러 사람 앞에서 발표할 때 우리는 보이는 부분들도 신경을 써야 한다. 스피치의 대가 하면 떠오르는 사람이 있는가? 애플의 전 대표였던 스티브 잡스, 미국의 전 대통령 버락 오바마가 우리가 아는 유명한 스피치의 대가들이다. 스티브 잡스 같은 경우 프레젠테이션 때는 늘 같은 옷을 입었고, 버락 오바마 같은 경우 자신감과 확신에 찬 파워 스피치와 더불어 적절한 제스처를 이용하기로 유명했다.

💬 "버락 오바마, 온몸으로 말하다."
몇 년 전, 오바마 대통령의 일본 히로시마 방문 이후, 보도된 한 기사의 헤드라인이다. 제목 한 줄에도 오바마 스피치가 얼마나 열정적이었는지 상상이 간다. 분명 단순하게 주어진 원고를 읽은 것이 아니라, 눈빛으로 시선을 사로잡고, 제스처로 진정성을 표현하기 위해 온 에너지를 다 쏟아냈을 것이다.
그래서 '오바마의 스피치는 듣는 것이 아니라 보게 된다.'는 말이 나오기도 한다. 바디 랭귀지, 몸짓 언어의 적절한 사용! 오바마는 온몸을 언어로써 활용한

다. 말 그대로 단순히 음성에만 비중을 두어 의미전달을 하지 않는다는 말이다. 몸짓, 손짓, 시선의 적절한 조화를 추구한다. 심지어 청중에게 손의 제스처를 최대한 보여주기 위해서 상체가 드러나는 낮은 단상을 사용한다. 오바마에게는 온몸이 스피치를 위한 최고의 도구인 셈이다.

유아나 초등 저학년의 아이들에게 자연스러운 제스처를 기대하기는 힘들다. 하지만 오바마와 같은 스피치 대가들의 연설 장면을 어렸을 때부터 노출해주며 제스처를 직접 보고 느끼도록 해주는 게 좋다. 이 또래의 아이들에겐 일단 남들 앞에서 당당하게 자기 의견을 말할 수 있으면 충분하다.

With kids

엄마아빠와 함께 배워보는
스피치 매너

How to talk 생각 나누기

발표할 때 꼭 지켜야 할 세 가지

⭐ 바른 자세로 말한다.
⭐ 청중의 눈과 얼굴을 보며 말한다.
⭐ 끝난 후엔 꼭 감사 인사를 한다.

부모: ○○아. ○○이는 친구들 앞이니 다른 사람들 앞에서 말하기가 어려워, 쉬워? 다른 친구들이 다 나만 쳐다보고 있으면 왠지 떨리기도 하고 부끄러울 수도 있어. 그렇지만 우리는 한 명 하고만 이야기하기도 하지만 여러 사람 앞에서 말해야 할 때도 있어. ○○이가 초등학교에 가고 또 자라면서 그런 일들은 더 많아질 거야. 그런데 무서워하거나 떨려 할 필요는 없어. 반대로 친구들이 내 이야기를 아무도 안 들어주면 어떨까?

그러니까 조금 떨려도 '친구들이 이렇게나 많이 내 얘길 들어주는구나.'하고 생각해 봐. 그리고 어깨를 쫙 펴면 신기하게 떨리는 게 조금 없어져. 두 발을 가지런히 모으고 바르게 서서 어깨를 쫙 펴고 양손은 다리 옆에 살짝 붙이고 서서 그다음엔 친구들 중 나를 제일 예쁘게 바라보고 있는 친구를 찾아봐. 그럼 또 마음이 편안해질 거야. 그러고 나서 친구들에게 말할 때 목소리를 어떻게 해야 할까?
너무 크게는 말고 모든 친구들이 들을 수 있을 만큼 큰 목소리로 또박또박 이야기해야 해.

너무 작게 발음도 정확하게 하지 않으면 친구들은 안 들려서 내가 무슨 얘길 하는지 하나도 알 수가 없을 거야. 그리고 끝나면 꼭 잊지 말아야 할 게 있어.
'친구들아 내 이야기를 들어줘서 고마워.'라는 표현으로 '고마워 혹은 고맙습니다.'라고 인사해야 해. 이제부터 엄마아빠랑 같이 '우리 집 스피치 왕 뽑기' 게임을 해볼까?

우리 그동안 배운 스피치 매너 다 기억나? 말을 잘 하려면 어떻게 해야 하지? 먼저 잘 듣고, 또 나랑 생각이 다른 사람도 틀렸다고 생각하지 않고 인정해주고, 내가 말할 땐 바른 자세로 큰 목소리로 내 얘길 듣고 있는 사람들을 보고 말하는 거야. 할 수 있겠지?

Let's Do It!
- 엄마아빠와 함께 돌아가며 자기 소개하기(이름, 나이, 소속, 좋아하는 음식, 동물, 친구 등)

12
친구를 집에 초대해요!

파티 매너

우리가 어렸을 때만 해도 친구들 집을 왕래하는 건 아주 흔한 일이었다. 그러나 지금은 하원, 하교 후 아이들이 학원에 다니고 워킹맘들이 많아 친구들을 집으로 초대하는 건 흔치 않은 일이 돼버렸다. 그러다 보니 친구 집에 갔을 때 어떻게 행동해야 하는지 모르는 아이들이 많은 것 같다.

이 챕터를 통해, 아이들이 자연스레 친구들과도 더 친해질 수 있는 시간을 가지면서 친구를 초대하거나 또는 친구 집을 방문했을 때 어떻게 해야 하는지 파티를 직접 계획하고 친구들을 초대해서 즐거운 시간을 가져보며 익혀보자. 아이들은 자신의 생각과 힘으로 파티 준비를 하면서, 또 친구들을 초대해서 같이 놀면서 엄마가 다 준비해준 것보다 더 큰 성취감과 보람, 기쁨을 느낄 것이다.

파티 준비를 한 후에는 초대자(호스트)로서의 매너도 가르쳐주어야 한다. 어떤 것들이 있을까? 먼저 손님들이 왔을 때 불쾌하지 않게 집을 청결하게 하고, 시장할 수 있으니 바로 먹을 수 있도록 음식도 준비하고 집에 왔을 때 아주 반갑게 반겨줘야 한다. 집에 들어서면 손을 씻을 수 있도록 안내해주고 집안을 구경시켜준 후 앉을 자리를 안내해준다. 손님이 선물을 준비해왔다면 감사한 마음을 꼭 전한다.

> *우리나라 사람들은 선물을 주고받는 것에 약간의 어색함을 느끼는 분들이 많다. 하지만 선물을 준비한 것은 그만큼 본인을 초대해줘서 혹은 방문을 허락해줘서 고맙다고 미리 준비해온 것이기에 그 정성에 감사함을 확실히 표현해야 한다.

손님의 겉옷은 아무 데나 두지 말고 꼭 받아서 옷걸이에 걸어준다. 음식을 대접할 때는 꼭 개인용 그릇을 준비해준다. 손님이 갈 때는 문을 열어주고 엘리베이터를 타야 한다면 엘리베이터가 도착할 때까지 기다려주는 것이 매너이다. 손님 배웅까지 마무리해야 손님 초대가 마무리 된다.

With kids

엄마아빠가 들려주는
파티 매너 이야기

내 생일파티에 와줘서 고마워!

오늘은 내 생일이야.
친구들이 이따 오면 파티를 시작할 거야.
그래서 나는 어제 미리 풍선을 불어서 집을 꾸며놨어.
그리고 친구들과 같이 쓸 고깔도 준비했어. 친구들이 좋아하겠지?

띵동!
어, 내 친구들이 왔나 봐!
"어서 와!"
드디어 친구들이 다 와서 케이크에 촛불을 끌 시간이야.
나는 소원을 빌고 촛불을 후~하고 불었어.
친구들은 노래도 불러주고 선물도 준비해줬어. 한번 열어볼까?
'어? 이건 내가 별로 안 좋아하는 건데.'
다른 친구가 준 거 열어봐야지.
'어? 이건 이미 나한테 있는 건데?'
나는 실망했어.
그렇지만 나는 친구들이 나를 생각하며 선물들을 준비했을 거라는 걸 알아.

그 생각을 하니 난 다시 기분이 좋아졌어.
"고마워, 친구들아! 내 마음에 쏙 들어 고마워!"
내가 기뻐하는 모습을 보더니 내 친구들은 나보다 더 환하게 웃었어.
선물을 받은 나보다 더 기쁜 것 같았어.

우린 도미노 게임을 했어.
뛰어놀고 싶은 생각도 들었지만, 우리가 뛰면 아래층에 사시는 할아버지가 많이 불편해할 것 같았어.
친구들과 같이 하니까 도미노 게임은 더 재미있었어.
나는 친구들보다 더 많이 하고 싶은 생각도 들었지만, 친구들에게 양보했어.
친구들은 우리 집에 온 손님들이니까.
친구들에게 양보하면서 하니까 더 재미있었어.
친구들이 집에 가야 할 때가 되었어.
"오늘 우리 집에 와줘서 고마웠어! 모두 잘 가."
하고는 친구들이 엘리베이터를 다 타고 내려갈 때까지 배웅해줬어. 오늘은 정말 즐거운 날이었어!

How to talk   생각 나누기

아이에게 파티 매너를 가르쳐주기 위한 **첫 번째 단계는, 친구를 초대하고 파티를 준비하는 방법을 알려주는 것**이다. 아이는 파티를 준비하는 과정을 통해 손님을 초대하고 준비하는 일에 얼마나 많은 정성을 들여야 하는지 배울 수 있다. 이렇게 **경험으로 느끼고 배운 아이**는 다른 집에 초대되었을 때도 함부로 행동하지 않는다.

친구를 초대할 때 어떤 것부터 해야 할까?

⭐ 파티에서 먹을 음식을 준비한다.
⭐ 파티를 위해 집을 예쁘게 장식한다.
⭐ 친구들과 할 놀이를 준비한다.
  * 집에서 하는 놀이이기 때문에 조용히 모두가 어울려 할 수 있는 놀이로 선택한다.

부모: 엄마 어렸을 땐 친구들이 엄마 집에 되게 자주 왔었어. 그리고 엄마도 친구 집에 자주 갔었고. 그때는 엄마들이 회사에 안 다니시고 집에서 집안 살림 하시는 분들이 많았고, 또 학원에 다니는 친구들보다 안 다니는 친구들이 많아서 유치원이 끝나거나 학교가 끝나면 친구네 집에 가서 노는 아이들이 많았어. 그런데 요즘은 놀이터에 가도 노는 아이들이 별로 없지? 친구들이 거의 다 학원에 있어서. 우리 ○○이도 친구네 집에 가고 싶어?

그럼 우리가 먼저 친구를 초대해보면 어떨까? 친구들을 초대해서 맛있는 음식도 먹고 놀이도 하다 보면 친구들과 더 친해질 수 있을 거야.
친구들을 초대하기 위해서 준비해야 할 게 있어. 아무 준비도 안 되어 있으면 친구들이 우리 집에 와서 먹을 음식도 없고 뭐 하면서 놀아야 할지도 몰라서 심심해서 다시 자기들 집으로 가 버릴지도 몰라.

그럼 친구들을 불러서 즐거운 파티를 해보자. 무슨 파티를 할까? 다음 달이면 우리 ○○이의 생일이니까 우리 생일파티를 준비해볼까? 생일 파티를 하려면 어떤 음식들을 준비하는 게 좋을까? 파티의 주인공은 ○○이니까 ○○이가 좋아하는 음식도 준비하고 또 친구들을 초대할 거니까 친구들이 좋아할 만한 음식들도 준비해볼까?

엄마아빠를 위한 파티 음식 준비 Tip!

⭐ 초대할 아이들이 음식에 대한 알러지가 있는지 미리 파악해서 준비한다.
⭐ 초콜릿, 사탕, 과자 같은 자극이 강한 음식보단 과일 등의 건강한 음식으로 준비한다.
　* 추천 음식 (과일, 샌드위치, 만두, 주먹밥)

그다음엔 집을 예쁘게 꾸며야겠지? 어떻게 하면 좋을까? 풍선도 달고 식탁에 꽃도 준비해보자. 그런데 친구들이 집에 오면 뭐 하고 놀 거야? 우리 음식이랑 장식만 준비할 게 아니라 친구들이랑 뭐 하고 놀지도 생각하고 준비해야 해. 뭐 하고 놀까? 우리가 만약 공놀이한다면 아래층이나 옆집은 어떨까? 뛰지 않고도 재미있게 놀 수 있는 놀이를 생각해봐야 해.

그럼 이제부터 본격적으로 친구들을 초대할 준비를 해볼까? 먼저, 우리가 준비해야 할 것들과 살 것들의 목록을 만들어볼까? 그리고 목록을 다 만들면 친구들에게 줄 '우리 집에 놀러 와, 널 초대하고 싶어.'라는 뜻의 초대장을 만들어볼 거야. 초대장에는 파티가 열리는 날짜와 시간, 그리고 우리 집 주소와 연락처가 적혀져 있어서 친구들이 파티 날짜랑 시간을 기억하기도 좋고 또 우리 집 찾기도 쉬울 거야. 친구들이 파티 날을 기억하고 우리 집을 잘 찾을 수 있도록 해주는 것도 친구들을 배려하는 매너야.

아이가 파티를 준비하는 과정과 각각의 이유에 대해 어느 정도 이해했다면, **두 번째 단계는 호스트(파티 초대자)로서 지켜야 할 매너에 대해 배우는 것이다.** 초대받아서 온 손님을 잘 대접하는 방법과 손님이 준비해 온 선물을 받았을 때 어떻게 반응하고 표현해야 하는지에 대해 함께 알아보자.

멋진 호스트(초대자)가 되는 법

⭐ 친구가 오면 우리 집에 온 손님이니까 잘 대접하기
　* 음식을 준비하고 놀이를 할 때는 친구에게 양보하고 배려하기
⭐ 선물을 받았을 땐 마음에 들지 않아도, 내게 이미 있는 거라도 고마운 마음으로 받기
⭐ 선물은 받은 자리에서 풀어보고 고맙다고 하기
⭐ 친구가 갈 때까지 배웅 잘하기

부모: 우리 ○○이 생일을 축하해주러 오는 고마운 친구들이니까 친구들이 우리 집에 와서 즐거운 시간을 보내고 갈 수 있도록 우리가 매너 있게 행동해야겠지? 친구가 오면 어떻게 해야 할까?
'어서 와 친구야~'하고 친구를 아주 반갑게 맞아주는 거야. 반대로 우리가 친구 집에 초대받아 가게 되면 우리는 '초대해줘서 고마워.'라고 말하면 돼.

친구가 우리 집에 들어오면 제일 먼저 뭘 해야 할까? 친구가 배고플 수도 있으니까 얼른 음식을 줘야겠어. 그런데 음식을 먹기 전에 친구가 깨끗한 손으로 먹을 수 있도록 손 씻는 곳을 알려줘야겠지? 친구가 손을 다 씻고 나면?
친구는 우리 집이 처음이니까 궁금할 수 있어. ○○이가 어떻게 생활하는지. 그래서 친구한테 우리 집을 안내해주면 좋을 거 같아. ○○이 방이 어딘지, 엄마아빠 방은 어딘지, 베란다에서 키우는 ○○이의 꽃들도 보여주고. 그러고 나서 친구가 앉을 자리를 알려주고 친구들이 다 오면 친구들과 같이 맛있게 음식을 먹으면 돼.
친구들이랑 맛있는 음식도 먹고 촛불도 불고 케이크도 먹고 할 건데 친구들이 생일 축하한다고 선물을 준비해 올지도 몰라. 그럴 땐 어떻게 해야 할까? 꼭 고맙다고 해야 해. 그런데 선물이 맘에 안 들 수도 있고 이미 나한테 있는 걸 수도

있어. 그럴 땐 어떻게 해야 할까?

친구는 ○○이한테 선물을 해주려고 ○○이가 좋아하는 게 뭘까, ○○이한테 필요한 건 뭘까 많이 생각했을 거야. 그리고 선물을 사면서 ○○이가 그 선물을 받고 기뻐했음 좋겠다고 생각했을 거야. ○○이가 친구들 선물을 준비할 때도 그렇잖아. 그런데 ○○이가 선물이 맘에 안 든다고 하거나 바꿔 달라고 하면 친구의 마음이 어떨까?

고맙다고 맘에 꼭 든다고 말해주는 게 매너야. 이미 있는 거라면 이미 있는 걸 다 쓰고 나면 친구가 준 새것을 쓰면 되고, 맘에 안 드는 거라면 '아 이건 내 소중한 친구가 나를 사랑하는 마음으로 준거야.'라고 생각해 봐. 그럼 그 선물이 마음에 들게 될 거야.

엄마아빠를 위한 파티 선물 준비 Tip!

★ 손편지와 더불어 그림책, 동화책 같은 선물을 준비한다.
★ 다른 친구들을 배려해 너무 비싸거나 큰 선물은 지양한다.

파티 매너의 **마지막 단계는, 반대로 내가 친구 집에 초대받았을 때 매너 있게 행동하는 방법에 대해 배우는 것**이다. 앞서 이야기했듯이 아이는 파티를 준비하고 친구들을 초대해서 파티를 즐기는 과정에서 파티를 준비하는 사람이 얼마나 많은 노력을 해야 하는지 배웠을 것이다. 그렇기 때문에 친구 집에 초대받았을 때는, 초대해준 사람에게 감사할 줄 알고, 가서도 더욱 매너 있게 행동하는 아이가 될 수 있다. 친구의 부모님께도 사랑받는 우리 아이가 될 수 있도록, 친구 집에서 지켜야 할 매너에 대해 아이에게 알려주도록 하자.

친구 집에 초대받았을 때 매너 있게 행동하는 방법

⭐ 친구 집에 갈 땐 미리 연락하고 가기
　* 갑자기 방문하지 않기
⭐ 초대해 준 친구에게 감사한 마음을 표현할 작은 선물 가져가기
　* 편지도 좋습니다.
⭐ 친구 집의 물건 함부로 만지지 않기
⭐ 친구 집에서 큰 소리로 떠들거나 뛰지 않기
⭐ 집에 돌아오기 전 친구 집에서 내가 가지고 논 장난감은 정리해주고 오기
⭐ 초대해줘서 고맙다는 인사 꼭 하기

부모: 친구를 초대할 때 우리가 준비를 많이 하듯이 우리가 다른 친구 집에 갈 때도 마찬가지로 친구랑 친구 부모님께서는 준비를 많이 하실 거야. 그럼 우리는 친구 집에 갔을 때 어떤 매너를 지켜야 할까?

먼저 친구 집에 가면 '초대해줘서 고마워', 친구 부모님께도 '초대해 주셔서 감사합니다.'라고 인사를 먼저 하고 또 나를 초대해준 고마운 친구에게 고마운 마음을 전달하기 위해 편지나 작은 선물을 준비하는 것도 좋아. 그러고 나서 친구 집에서 놀 때는 말했던 것처럼 뛰거나 큰 소리로 놀지 않고 조용히 놀 수 있도록 하는 거야. 그런데 만약에 친구 집에서 놀다가 잘못해서 친구 집 물건을 망가뜨리면 어떻게 해야 할까?

혼날까 봐 겁나서 숨기면 안 되고 꼭 솔직히 말해야 해. 그리고 친구나 친구 부모님께 죄송하다고 사과드려야 해. 그럼 친구 부모님께서 용기 있게 잘 얘기했다고 하실 거야. 그리고 친구 집에서 잘 놀다가 집에 올 땐 꼭 초대해주셔서 감사하고 맛있는 음식도 감사했다고 말씀드리고 친구에게도 재미있게 놀아줘서 고맙다고 말하고 오는 거야.

Let's Do It!

- 파티 준비 리스트 작성하기, 초대장 만들기(집안 꾸미기는 파티 전날에 한다.)
- 친구들을 직접 초대하고 즐거운 파티 즐기기

활동북_54p 준비리스트 폼, **초대장 만들기**   준비물_ 종이, 가위, 풀, 색연필, 사인펜, 필기도구

13
명절은 용돈 받는 날이 아니야!

한국전통 매너 (명절 매너)

우리나라의 대표적인 큰 명절을 꼽으라면 설과 추석을 꼽을 수 있는데 이런 명절에는 오랫동안 떨어져 지낸 그리운 가족, 친지들이 모여 즐거운 시간을 보내야 함에도 불구하고 수많은 여론 조사에서 성인 남녀 절반 이상이 명절 스트레스로 고통받는 것으로 나타났다.

❗ **명절 스트레스 주원인은?**

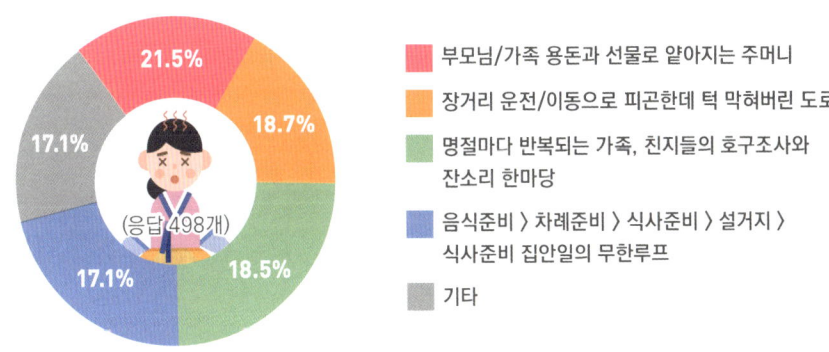

- 21.5% 부모님/가족 용돈과 선물로 얇아지는 주머니
- 18.7% 장거리 운전/이동으로 피곤한데 턱 막혀버린 도로
- 18.5% 명절마다 반복되는 가족, 친지들의 호구조사와 잔소리 한마당
- 17.1% 음식준비 〉차례준비 〉식사준비 〉설거지 〉식사준비 집안일의 무한루프
- 17.1% 기타

(응답 498개)

(출처 : 직장인들의 SNS '팀블라인드'에서 설문 조사한 명절 스트레스의 주원인)

주원인들을 살펴보면 하나같이 가족, 친지들을 배려하지 못한 이유들이다. 악의가 있지는 않지만 상대방에 대한 배려가 없는, 매너 없는 행동과 말들을 하는 것이다.

최근엔 '조카몬'이라는 신조어가 생겨났는데 조카와 괴물의 합성어로 명절에 집에 온 조카들이 허락 없이 나의 공간에 들어온다든가 나의 물건을 망가뜨린다든가 하는 일들이 일어나면서 생겨났다.
사랑하는 내 아이가 가족 친지들에게 환영받지 못하는 조카몬이 아닌 온 가족 친지들의 사랑을 받는 아이가 되기 위한 방법은 어렵지 않다.

💙 **먼저 아무리 강조해도 지나치지 않는 바르게 인사하기이다.**
아무리 아이를 예뻐하고 편한 친척이라도 바르게 인사하는 아이와 그렇지 않은 아이는 비교가 되기 마련이다.

💙 **둘째, 가족, 친지들의 바른 호칭을 알려준다.**
친지를 아줌마, 아저씨라고 부르게 하는 불상사가 생기지 않도록 말이다.

💙 **셋째, 친척 집의 아무 곳이나 주인의 허락 없이 드나들게 하거나 물건을 함부로 만지지 않게 한다.**
명절이 지나면 SNS에 조카몬들에게 당한 사례들이 심심찮게 올라오는데 당한 당사자는 엄청난 정신적, 금전적 스트레스를 받고 심한 경우 가족 간에 불화도 생긴다. '아이인데 그럴 수도 있지, 장난감 정도로 뭘 그렇게 호들갑을 떨고 그러냐.' 등 상대방을 배려하지 않는 생각은 금물이다.

💙 **넷째, 아이가 세배하거나 설이 아니더라도 간만에 만난 친지들로부터 용돈**

을 받게 될 경우, 그걸 당연시하지 않도록 교육한다.

용돈은 받을 수도 있고 아닐 수도 있는데 그게 당연히 받을 일은 아님을 미리 알려주고 받으면 마음을 담아 감사 인사를 정중하게 하도록 지도하여야 한다.

💙 **다섯째, 명절에 음식을 준비해주시는 손길, 장거리를 운전해주시는 손길에 감사함을 알도록 설명해주고 꼭 감사 인사를 하게 한다.**

With kids

엄마아빠가 들려주는
명절 매너 이야기

까치까치 설날엔

며칠 후면 까치까치 설날이에요. 우리 가족은 할머니 댁에 갈 거예요.
할머니 댁은 바다가 있는 시골인데 가면 바다도 볼 수 있고 강아지도 볼 수 있어서 정말 좋아요.

오늘 아침 우리는 아빠 차를 타고 출발했어요. 나는 들떠서 너무 일찍 일어나는 바람에 차에 타자마자 잠들어 버렸어요. 한참 후 눈을 떠보니 할머니 집에 도착했어요. 아빠는 운전을 오래 하셔서 힘드시다고 했어요.
나는 아빠를 껴안고 '아빠, 고맙습니다.'라고 했어요.

할머니 집 대문을 열고 들어서자 강아지가 우릴 반겼어요.
할머니 할아버지도 나오셔서 우릴 반겨주셨어요.
"할머니 할아버지 안녕하세요."
"그래, 어서 오너라. 오느라 힘들었지? 내 강아지."
"할머니, 할아버지 아주 많이 보고 싶었어요!"
할머니, 할아버지 무릎에서 놀고 있는데 잠시 후 큰아버지네 가족이랑 작은 삼촌이 오셨어요.

"큰아빠, 큰엄마, 작은삼촌 안녕하세요. 누나, 형아 안녕!"
"그래 우리 인성이 하은이 하랑이 많이 컸구나."

우린 마당에서 강아지와 사촌 누나, 형이랑 다 같이 즐겁게 놀았어요.
그런데 하랑이가 안 보였어요.

하랑이는 작은삼촌 방에 있었어요.
작은삼촌 방엔 신기하고 멋진 로봇 장난감들이 아주 많았어요.
우리는 로봇들을 가지고 신나게 놀았어요.
"앗, 내 건담!"
작은삼촌이 방에 들어오시더니 소리를 지르셨어요!
"너희들 이게 뭐 하는 짓이야! 이건 장난감이 아니야. 얼마나 힘들게 모은 건데."
"으앙"
하랑이는 너무 놀라 울음을 터뜨렸어요.
알고 보니 그 로봇들은 작은삼촌이 아끼는 물건들이었는데 우리가 가지고 놀면서 망가뜨린 거예요.
"죄송해요, 삼촌. 다시는 함부로 삼촌 방에 안 들어갈게요."
작은삼촌께서는 우릴 용서해주셨지만 나는 죄송한 마음이 계속 들었어요.

설날 아침, 우린 예쁘고 멋진 설빔을 입고 할머니 할아버지, 어른들께 세배했어요. 우리가 세배하자 어른들께서는 좋은 말씀들을 해주셨어요.

세배 후에 우리 가족들은 다 같이 둘러앉아 떡국이랑 엄마, 할머니, 큰엄마께서 해주신 맛있는 음식들을 나눠 먹었어요.
"할머니, 큰엄마, 엄마, 떡국도 전도 다 정말 맛있어요! 맛있게 감사히 잘 먹었습니다!"
그리고 윷놀이도 했어요. 처음 해보는 윷놀이는 너무너무 재미있었어요. 갑자기 하랑이가 유치원에서 배운 노래라며 노래를 부르기 시작했어요 "까치까치 설날은 어저께고요~" 우리는 모두 다 같이 노래를 불렀어요. 가족들이 다 같이 모여서 더 즐거웠던 설날이었어요!

How to talk 생각 나누기

꼭 명절이 아니어도 가족 모임이 잦거나 친척 집을 자주 방문하는 가정이라면, 가족 모임이 있기 전에 이 챕터를 교육하면 좋다.

아이가 친척 집에서도 칭찬받고 사랑받기 위해서 지켜야 할 매너는 어떤 것이 있을까?

⭐ 호칭 제대로 부르기
⭐ 바르게 인사하기
⭐ 친척 집에서 큰 소리로 떠들거나 뛰어다니지 않기
⭐ 친척 집의 물건 함부로 만지지 않기

부모: ○○아, 친척 집에 가면 우리 집이 아니니까 뭔가 다른 게 많고 신기하거나 예쁘고 멋진 게 많은 거 같기도 하지? 그렇다고 그런 걸 함부로 만지면 될까? 우리는 신기해서 만지고 싶으니까 만지는 건데 주인한테는 아주 소중한 거여서 함부로 다른 사람이 만지거나 가져가면 주인이 아주 속상할 거야.

우리가 명절에 지켜야 할 매너는 또 뭐가 있을까? 우리 명절에는 맛있는 음식이 많지? 그걸 누가 만들까? 할머니도 만드시고 엄마가 만드시기도 하고 큰엄마가 만들어 주시기도 해. 그런데 그 음식들을 만들려면 명절에는 가족들도 많이 모이기 때문에 그만큼 많이 만들어야 해서 아주 힘들 거야. 그럼 그렇게 만들어주신 분들한테는 어떤 마음을 가져야 할까?
감사한 마음을 가지고 꼭 음식을 다 먹고 난 다음엔 '감사히 맛있게 잘 먹었습니다.'라고 인사해야 해.

설날을 앞뒀을 경우에는 세배하는 방법을 미리 알려주어 가족 친지 앞에서 아이가 세배하는 법을 몰라 당황하지 않게 한다. 그리고 어른들께 용돈을 받았을 때 어떻게 행동을 해야 하는지, 또 받지 않았을 때 어떤 마음을 가져야 하는지에 대한 이야기도 나누어 보는 것이 좋다.

세배하는 방법은 어른들도 헷갈릴 때가 많다. 남자의 세배법과 여자의 세배법을 이번 기회를 통해 바르게 알고 아이에게도 정확하게 알려주자.

남자 세배 방법

왼손을 위로 하여 손을 잡고 눈높이로 올렸다가 내리면서 바닥 짚기-〉왼쪽, 오른쪽 무릎 순서로 꿇고 팔꿈치를 바닥에 붙여 숙이기-〉머리를 들고 손을 오른쪽 무릎에 짚은 뒤에 손을 눈높이에 올렸다가 내린 후, 목례

여자 세배 방법

오른손을 위로 하여 손을 포갠 후 어깨 높이로 올리기-〉왼쪽, 오른쪽 무릎 순서로 꿇기-〉 몸을 45도 정도 굽혔다가 일어나서 두 발 모으기-〉올렸던 두 손을 내려 가볍게 목례

출처: [네이버 지식백과] 설날의 세배법 (EBS 동영상)

부모: 이제 얼마 후면 설이잖아, 우리 이번에도 할아버지 댁에 갈 거야. 그런데 설에 할아버지 댁에 가거나 친척 집에 가게 되면 우리가 지켜야 할 매너들이 있어. 뭐가 있을까?

설에는 세배하지. 그럼 세배는 어떻게 할까? 세배는 여자가 하는 법이랑 남자가 하는 법이 조금 달라.

먼저 어른들 앞에 설 때는 양발을 가지런히 모으고 남자는 왼손을 오른손 위에 포개 잡고 바른 자세로 서 있다가 허리를 굽히고 손을 바닥에 짚어. 그다음에 왼쪽 무릎을 먼저 바닥에 대고 그다음에 오른쪽 무릎을 닿으면서 엎드리는데 이때 발은 손과 반대로 오른발이 왼발 위에 올라가게 하면 돼. 이렇게 엎드려서 좀 있다가 일어나는데 완전히 일어선 상태에서 손을 눈높이까지 올리고 살짝 고개를 숙여 인사를 드리고 바닥에 앉으면 돼.

① ② ③ ④ ⑤

여자들은 세배할 때 먼저 어른들 앞에서 양발을 가지런히 모으고 오른손을 왼손 위에 포개 잡고 이마 아래까지 살짝 올리는데, 이때 팔꿈치도 어깨와 나란히 될 정도로 충분히 올려야 해. 그다음엔 왼쪽 무릎이 바닥에 먼저 닿고 그다음 오른쪽 무릎이 바닥에 닿으면서 천천히 앉는 거야. 그리고 허리를 숙이고 조금 있다가 일어나면 돼. 일어나서는 완전히 일어선 상태에서 손을 눈높이까지 올리고 살짝 고개를 숙여 인사를 드리고 바닥에 앉으면 돼.

세배하는 기 처음에는 어렵지만 연습하면 금방 잘할 수 있게 될 거야. ○○이가 멋지게 세배하면 할머니 할아버지랑 다른 친척 어른들이 다들 얼마나 기특하고 대견하고 멋지다고 생각하실까?

어른들께 용돈을 받으면 어떻게 해야 할까요?

★ 용돈을 받으면 감사하다고 꼭 인사드리기
★ 용돈은 꼭 받는 것이 아니므로, 못 받아도 서운해하지 않기

부모: 세배를 하고 나면 할머니 할아버지께서 뭘 주시지? 세뱃돈도 주시고 좋은 말씀도 해주시지. 세배를 받으셨으니까 고맙다는 뜻으로 좋은 말씀을 해주시기도 하고 복을 많이 받으라는 뜻으로 세뱃돈을 주시기도 하는데 추석 때는 세배를 안 해도 어른들이 용돈이라며 돈을 주시기도 하지?
그 용돈은 주실 수도 있고 안 주실 수도 있어. 꼭 줘야 하는 거라서 너희에게 주시는 것이 아니니까 받으면 감사하다고 반드시 인사를 정중하게 드려야 하고 못 받아도 서운해하지 않아야 해.

> **Let's Do It!**
>
> - 동영상(QR코드): 명절을 앞두고 아이들에게 영상을 보여주며 세배하는 법을 함께 배워봅시다.

특별편 ★
유럽식 테이블 매너: 요리별 식사 순서 및 식기 사용법

🍽 유럽식 테이블 매너

테이블 매너와 관련된 재미있는 이야기가 있다. 영국의 엘리자베스 여왕이 모 국가의 수장을 초대해 궁에서 식사를 대접한 일이 있다. 초대받은 수장은 자기 문화권의 매너가 아님에도 불구하고 큰 실수 없이 식기 사용 순서라든지 식사 순서를 잘 알고 있는 듯 영국식 테이블 매너를 잘 지키며 식사를 했다. 그런데 디저트를 먹기 전 볼에 물이 담겨 나왔고 수장은 목이 마른 듯 그 물을 마셔버렸다. 그러나 그 물은 마시는 물이 아닌 손을 씻는 물이었기에 자리에 있던 많은 사람들은 놀라움을 금치 못했다. 그런데 더 놀라운 일이 벌어졌다. 엘리자베스 여왕이 그 수장을 따라 그 물을 마신 것이다. 여왕의 행동은 수장의 실수를 덮어주기 위한 마음 깊은 배려였다.

그 일로 인해 엘리자베스 여왕은 진심으로 배려심 깊은 매너 있는 행동을 했다며 많은 이들로부터 칭송을 받았다. **진정한 매너란 딱딱한 규칙이 아닌 마음에서 우러나온 배려**임을 보여준 일화이다. 매너는 내가 상대방을 배려하기 위한 행동이지만 상대방이 매너를 잘 몰라서 하는 행동을 했을 경우엔 비난할 것이 아닌 이해해주고 그에 따른 배려를 해주는 것도 진정한 매너이다.

전과 다르게 요즘엔 파인 다이닝이 많이 생기긴 했지만 실제로 테이블 매너에 능숙한 사람이 많지는 않다. 그래서 그런지 파인 다이닝에 가게 되면 살짝 긴장하기도 한다. 수많은 접시와 포크, 나이프 중 어떤 게 내 것인지 어떤 게 옆 사람 것인지 헷갈리기도 하고 샐러드를 먹을 땐 어떤 포크를 사용하는지 수프를 먹을 땐 위에 있는 스푼을 쓸지 옆에 있는 스푼을 쓸지 당황하기도 한다. 그렇지만 테이블 매너에 대해 몇 가지 룰만 알고 있다면 그럴 염려가 없다. 글로벌 리더로 자랄 우리 아이들도 어렸을 때부터 알고 익혀두면 후에 실수하지 않고 자연스레 매너 있게 행동할 수 있을 것이다.

먼저 레스토랑에 가기 전에는 반드시 예약을 하고 옷은 역시나 다른 사람의 눈살을 찌푸리지 않을 정도의 단정한 옷차림을 하고 간다. 레스토랑에 가서도 아무 데나 앉으면 안 되고 직원이 안내해준 자리에 앉는다.
자리에 앉아서는 냅킨을 무릎 위에 펼치는데 다 펼치지 말고 반 정도 접어서 접힌 부분이 무릎 쪽으로, 벌어진 부분이 내 배 쪽으로 가게 놓는다. 냅킨은 음식을 먹다 입에 뭐가 묻었을 때 살짝살짝 닦아내고, 음식이 내 옷으로 떨어져 옷이 더러워지지 않게 하기 위한 것이다. 식사를 하다 도중에 화장실을 가거나 전화를 받기 위해서 등 잠시 자리를 비울 경우엔 의자 좌석 위에 냅킨을 두고 가고 식사를 다 마치면 식탁 위에 둠으로써 식사를 마쳤다는 표시를 할 수도 있다.
음식이 나오는 순서는 11-12가지 정도의 순서로 나오나(식전주-식전주와 함께 먹는 전채요리-수프-생선요리-셔벗-육류요리-샐러드-치즈 요리- 달콤한 디저트- 커피나 차와 같은 음료-식후주) 요즘은 좀 더 캐주얼하게 차가운 전채요리, 수프, 따뜻한 전채요리, 메인 요리 (생선요리나 육류요리), 셔벗, 샐러드(우리나라에선 에피타이저로 먹는데 프랑스에선 입가심용으로 먹는다)그리고 디저트(과일이나 차) 순으로 나온다.

우리 아이들에겐 아직 순서보다는 포크, 나이프, 스푼을 어떻게 사용하여 음식을 먹는지 정도만 알려줘도 될 것이다.

그럼 이제부터 본격적인 유럽식 테이블 매너에 대해 알아보자. 테이블 매너에 익숙하지 않은 어른들에게도 많은 도움이 되길 바란다.

😊 포크와 나이프는 바깥쪽 끝에 놓인 것부터 사용한다.
양식당에 가면 기본적으로 간단한 테이블 세팅이 되어 있다. 그것은 손님을 맞기 위한 약식 세팅이므로 크게 신경 쓰지 않아도 된다. 웨이터에게 식사 메뉴를 주문하고 나면 필요 없는 식기류는 치우고 주문 메뉴에 맞는 새로운 세팅을 해주므로 그때부터 주의를 기울인다.

한 테이블에서 여러 사람이 함께 식사할 때 디너 접시의 양쪽으로 여러 개 놓인 식기류를 보고 순간 당황했던 기억이 한두 번은 있을 것이다. 특히 원형 테이블에 앉았을 경우 더욱 그렇다. 내 앞에 놓인 가장 큰 접시가 디너 접시인데 그것을 기준으로 빵 접시는 왼쪽에, 물잔과 와인 잔은 오른쪽에 놓인 것을 사용하면 된다. **(좌빵 우물을 기억하라!)**

커트러리(cutlery: 1. 테이블에 쓰이는 은기류의 총칭. 2. 식사용 기구로서 나이프 세트(Knife Set), 포크(Fork), 스푼(Spoon)을 말한다)는 주문한 식사가 본격적으로 나오기 시작하면 디너 접시를 기준으로 양쪽 모두 바깥쪽 끝에 놓인 것부터 차례대로 사용한다. 수프에는 오른쪽 끝의 수프 스푼을, 애피타이저에는 왼쪽 끝의 샐러드 포크를, 메인 디시에는 왼쪽의 디너 포크와 오른쪽의 디너 나이프를 이용하는 것이다.

한 코스가 끝나면 해당 접시와 커트러리를 치우고 그다음 코스가 서브 되며, 식사가 완전히 끝나면 지금까지 사용한 그릇과 커트러리를 모두 치우고 디저트를 위한 새로운 세팅이 준비된다. 이때 와인을 더 마실 경우 의사 표현을 해야 잔을 치우지 않는다. 그리고 원한다면 웨이터에게 디저트를 조금 늦게 서브하도록 요청해도 좋다.

일반적으로는 디저트 세팅이 새로 이루어지므로 지금과 같이하면 별문제가 없다. 그러나 규모 있는 연회나 만찬에서는 아예 처음부터 디저트 스푼이나 포크가 함께 세팅되어 있는데, 그럴 경우 디너 접시의 윗부분에 가로로 놓인 스푼과 포크를 사용하도록 한다.

💜 메뉴 주문이 어렵다면 웨이터에게 도움을 청한다.

고급 양식당에서는 주로 코스 요리를 먹게 되는데, 일반적으로 애피타이저

(appetizer), 메인 디시(main dish), 디저트(dessert)의 세 가지 코스가 기본이다. 그렇지만 반드시 코스로만 주문해야 하는 것은 아니다. 가기 전에 미리 어느 정도 먹을 것인지 염두에 두었다가 수프와 메인 디시만, 또는 메인 디시와 디저트만, 아니면 메인 디시만 주문해도 실례가 되지 않는다.

손님을 초대한 저녁 식사라면 반드시 와인과 같은 드링크를 주문하고, 손님보다 코스를 적게 주문해서는 안 된다. 메뉴를 보아도 잘 모르겠다면 웨이터에게 도움을 요청한다. 이것은 절대 창피한 일이 아니다. 잘 모르면서 그냥 주문했다가 낭패를 보게 되면 즐거운 식사를 망치게 되므로 그게 더 어리석은 일이다.

😊 포크와 나이프를 양손에 들고 얘기하지 않는다.

또 손에 들고 있는 포크와 나이프를 바로 세워서 잡는 것도 보기에 좋지 않다. 식사하다가 나이프를 접시 위에 내려놓고 포크를 왼손에서 오른손으로 옮겨 잡는 것은 괜찮다. 빵은 손으로 집어 먹게 되므로 먹는 중간에 얼굴이나 머리를 만지지 않도록 주의한다.

식사 중에 화장실을 가거나 전화를 받기 위해서 라든지의 이유로 자리를 뜨게 될 때는 포크와 나이프를 八자로 내려둔다. 이때 포크는 뒤집어서 두고 나이프는 칼날이 안쪽으로 향하게 둔다. 식사가 끝난 후에는 포크와 나이프를 접시 오른쪽으로 가지런히 모아둔다. 이것은 식사가 끝났다는 표시이다.

메인 요리로 무엇을 주문하느냐에 따라 커트러리가 달라지는데 고기 요리용 포크와 나이프는 두툼한 고기를 썰 수 있도록 날이 서 있고 왼쪽에 있다. 생선

요리용 포크, 나이프는 부드러운 생선에 맞게 비교적 작으면서 칼날이 뭉툭하며 오른쪽에 있다. 일반 양식당과 달리 프랑스 식당에서는 커트러리를 뒤집어 놓는데 요리가 나왔을 때 좀 더 편하게 잡을 수 있도록 배려한 것이다. 그러나 식사 중에는 굳이 뒤집어 놓을 필요는 없다.

😊 잔의 생김새는 용도에 따라 다르다.

일반적인 식사에서는 주문한 와인에 맞는 잔을 세팅해주고 붉은 물잔에 와인은 와인잔에 따라주기 때문에 헷갈릴 일이 없으나 연회나 만찬에서는 식사에 필요한 모든 잔이 미리 테이블에 올려져 있으므로 용도에 따라 잔 모양을 구별할 수 있어야 한다.

가장 크고 둥근 것이 레드와인 잔이고 그보다 작으면서 오목한 것이 화이트와인 잔, 날씬하고 길쭉한 것이 샴페인 잔이다. 이외에 가장 키가 작고 손잡이가 짧은 것이 물잔이다.

와인을 받을 때 우리나라 사람들이 가장 많이 하는 실수 중 하나가 잔을 들고 두 손으로 받는 것인데 와인을 받을 때는 테이블 위에 잔을 놓은 상태에서 손가락을 가지런히 모으고 받침 부분에 살짝 대고 있으면 된다. 마실 때는 와인 잔의 손잡이를 잡고 마시는데 글라스 부분을 잡으면 따뜻한 손의 체온이 와인 온도에 영향을 미쳐 와인의 맛을 떨어뜨리기 때문이다.

어디서나 사랑받는
우리 아이 키우기

엄마아빠와
함께 보는 그림책

Ⅰ. 의식주 생활 매너 - 씻기 매너 44p

엄마아빠와 함께 보는 그림책
씻는 것은 정말 싫어!

어느 날 놀이터에서 신나게 놀고 들어온 하랑이는
손을 씻으려고 했어요.
그런데 비누가 없지 뭐예요.
하랑이는
'어, 비누가 없네? 귀찮은데 씻지 말아야지.'
생각하고 다시 친구들과 놀러 나갔어요.
친구들과 한참 놀다가 집에 와서 또 씻지 않고 밥을 먹었어요.
밥 먹고 나니 엄마가 양치하라고 했어요.
하랑이는 또
"아! 귀찮아!"하고 양치도 안 하고 그냥 잤어요.

그런데 하랑이의 몸엔 하랑이가 놀이터에서 놀다가 하랑이의 몸에
붙어 온 세균들이 와글와글 매달려 있었어요.
그리고 하랑이의 입속엔 충치 세균들이 하랑이의 입속에
남은 음식 찌꺼기들을 먹고 기운이 더 세져서
하랑이의 입속에 더 큰 집을 지으며 신나게 놀았어요.
하랑이의 이는 충치 세균들로 인해 썩어 가기 시작했어요.
하랑이는 그것도 모르고 쿨쿨 잠만 잤어요.

다음날 하랑이는 또 친구들과 놀러 놀이터에 갔어요.

"나랑 놀자."

그런데 친구들은 하랑이가 가까이 다가가자

"악! 더러워!"

하고 놀아주지 않았어요.

하랑이는 '다른 친구들하고 놀지 뭐.'하고

다른 친구들한테 갔어요.

이번에도 친구들은

"악! 냄새나!"

하고 하랑이와 또 놀아주지 않았어요.

하랑이는 '그럼 혼자 놀지 뭐.'하고 혼자 놀았어요.

✚ ○○병원

그런데 하랑이의 몸이 이상했어요.
간질간질 가렵고 뭐가 나기 시작했어요.
밤이 되자 열까지 났어요.
이도 콕콕 쑤시듯 아팠어요.
하랑이는 결국 병원에 가서 검사했는데
더러운 세균들이 하랑이의 몸을
감싸고 있었고 입안에도 충치 세균들이
하랑이의 이를 갉아먹고 있었어요.
하랑이는 결국 크고 아픈 주사를 맞고 몸을 깨끗이 씻고 나서야
아픈 게 나았고 이도 드르륵 아픈 치료를 하고 나서야 치료가
되었어요.

하랑이는 앞으로는 외출 후엔
꼭 몸을 깨끗이 씻고 음식을
먹고 나면 꼭 이도 깨끗이
닦기로 결심했어요.

Ⅰ. 의식주 생활 매너 – 잠자리 매너 52p

엄마아빠와 함께 보는 그림책
달님! 같이 놀아요!

해님이
"안녕~ 잘 자, 내일 보자."
하고 인사하고 잠자러 들어갔어요.
어? 해님이 들어가자 달님이
"안녕! 오늘 하루도 잘 지냈니? 이제 모두 잠잘 시간이야."
하고 말했어요.
하랑이는 '하아암~' 하품을 했어요.
하지만 자기 전에 할 일이 있었답니다.
먼저 화장실에 가서 '쉬~' 소변을 눴어요.

며칠 전 소변을 보지 않은 채 잠들어서 이불에 소변을 봤거든요.

다시는 이불에 소변을 보고 싶지 않아요.

그러고 나서 손을 깨끗이 씻고, 엄마아빠께 인사를 했어요.

"엄마, 아빠 안녕히 주무세요!"

"그래, 우리 하랑이도 좋은 꿈 꾸고 잘 자요."

하랑이도 엄마아빠도 모두가 깊이 잠들었어요.

하랑이는 엄마아빠 없이도 혼자 잘 수 있어요.

하랑이가 잠들면 달님과 별님이 하랑이를 지켜주거든요.

하랑이는 꿈속에서 달님과 별님들을 만나서
꿈나라 여행도 떠나요.
오늘은 달나라에 사는 토끼들을 만나러 갈 거예요.
토끼들이 오늘은 달나라 잔치를 한대요.
쿵덕쿵덕 절구를 찧어 하랑이가 좋아하는
맛있는 꿀떡도 만들고요,
식혜도 만들어 먹어요.
또 달님과 별님, 토끼들의 손을 잡고 강강술래도 하며
신나게 놀다 보면 어느새 아침이 돼요.
"하아암, 잘 잤다. 달님 안녕! 우리 이따 밤에 또 만나요!"
달님과 작별인사를 하자 해님이 방긋 인사를 해요.

"하랑아 안녕, 좋은 아침이야."

"해님 안녕! 반가워요."

하랑이는 해님과 인사하고 이불 정리를 했어요.

내 이불을 내가 스스로 정리할 수 있는 멋진 하랑이예요.

이불 정리를 다 하고 나서 하랑이는 엄마아빠한테 가서 예쁘게 인사를 해요.

"엄마아빠 안녕히 주무셨어요."

엄마아빠는 환하게 웃으면서 하랑이를 안아줬어요.

"우리 하랑이도 잘 잤어요?"

해님도 방긋 좋은 아침이에요.

> Ⅰ. 의식주 생활 매너 – 바른 자세 매너 58p

엄마아빠와 함께 보는 그림책
꼬부랑 할아버지가 된 하랑이

하랑이는 아이 때부터
구부정하게 앉아 있는 걸 좋아했어요.

하랑이는 아이 때부터
구부정하게 걷는 걸 좋아했어요.

하랑이는 초등학생이 되어서도
구부정하게 앉고 구부정하게 걸었어요.

하랑이는 어른이 되어서도
구부정하게 앉고 걸었어요.

하랑이는 아저씨가 되어서도
구부정하게 앉고 걸었어요.

**앗, 하랑이가 꼬부랑 할아버지가
되어 버렸어요!**

Ⅱ. 안전 매너 – 문 매너 72p

엄마아빠와 함께 보는 그림책
무매너씨의 문 사용법

2 회전문에서 빙글빙글 장난치면 문에 쿵 부딪힐지도 몰라요.

3 문을 닫을 땐 손이나 옷이 끼지 않게 잘 확인해야 해요.

1 자동문에서 계속 왔다 갔다 하면 다른 사람들이 불편해요.

Start!

4 엘리베이터를 기다릴 땐
문 옆으로 비켜 서있어야 해요.

5 문을 열기 전엔
노크를 하는 게 매너예요.

6 문을 열고 닫을 땐 꼭
뒷사람을 확인해요.

엄마아빠와 함께 보는 그림책
세상은 온통 위험한 것 투성이야

하랑이는 오늘 유치원이 끝나고 루카 형이랑

길 건너 루카 형네 아파트 놀이터에서 만나 놀기로 했어요.

유치원이 끝나고 루카 형네 놀이터에 가기 위해 길을 나섰어요.

거길 가려면 길을 두 번이나 건너야 했어요.

하랑이는 횡단보도를 건널 땐 초록색 불이 켜지면 건너는 거라고

유치원에서 배운 걸 기억했어요.

빨간불에선 차들이 정말 쌩쌩 달려서 조금은 무서웠어요.

초록불이 켜지자 하랑이는 기다렸다는 듯이 뛰어가려 했어요.

그런데 그때 초록불 신호에 미처 서지 못한 차가 쌩하고 지나갔어요.

하랑이는 깜짝 놀랐어요.

횡단보도를 건너서 다음 횡단보도를 지나려는데 바로 옆에서 공사를 하고 있었어요.
하랑이는 신기해서 가까이 가보고 싶었어요.
땅 한가운데는 흙을 많이 파내서
땅속 저 깊이가 보였고 그 옆에는 파낸 흙이 쌓여 있었어요.
하랑이는 루카 형이랑 여기에 와서 놀고 싶었어요.
너무 신기해 보였거든요.
그때였어요.
짓고 있는 건물 옥상에서 쿵! 하고
뭔가가 떨어졌어요.
하랑이는 깜짝 놀라서 도망갔어요.

드디어 루카 형네 놀이터에 도착했어요.
루카 형이랑은 그네도 타고 미끄럼틀도 타고 신나게 놀았어요.
루카 형은 집에서 킥보드도 가지고 왔어요.
그런데 좁은 놀이터에서 타는 것보다 아파트 단지 안을 돌아다니며
타는 게 훨씬 재미있을 것 같았어요.
그래서 킥보드를 타고 단지 안을 씽씽 달렸어요.
그때 지나가던 자전거랑 쾅 부딪혔어요.
자전거를 타고 오던 누나도, 킥보드를 타고 가던 루카 형도 넘어졌어요.
루카 형은 놀라서 엉엉 울었어요.
아 세상은 너무 위험해요! 온통 위험한 것 투성이에요!

어디서나 사랑받는 우리 아이 키우기

내 아이를 품격있는 아이로, 나는 존경받는 부모로.

어디서나
사랑받는 우리 아이
키우기

김시온이나 지음

-별책부록-

활동북

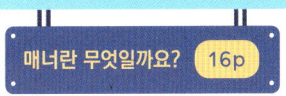

우리 집만의 에티켓 만들기

아래 에티켓 리스트처럼 우리 집에서 지켜야 할 에티켓에 대해 먼저 정하고
우리 집만의 매너 지키기 판을 만들어 봅시다.
매너를 잘 지킬 때마다 스티커 판에 스티커를 하나씩 붙여서 포도를 꽉 채우는 거예요!
(포도알 스티커는 책 맨 뒤에 있어요.)
에티켓 리스트와 매너 지키기 판을 나란히 붙여 두고 체크하며 활용하면 더 좋겠죠?

준비물: **색연필, 사인펜**

에티켓 리스트 예시

○○이네 집에서 지켜야 할 에티켓

하나, 걸을 때는 살금살금 걸어요.
둘, 물을 사용한 후에는 수도꼭지를 잠가요.
셋, 엄마아빠 방에 들어갈 땐 꼭 노크를 해요.
넷, 형, 누나, 동생과 싸웠을 땐 잘못한 사람이 먼저 사과해요.
다섯, 밥 먹기 전엔 손을 씻어요.

> I. 의식주 생활 매너 - 옷 입기 매너 30p

날씨와 상황에 따른 옷 고르기

아래에 각각 다른 날씨와 상황이 있습니다.
이렇게 다양한 날씨와 상황에 따라 입어야 하는 옷도 달라져요.
뒷페이지의 종이인형을 활용하여 하단에 제시한 상황에 따른 옷 입히기 놀이를 해보세요.

준비물: 가위

운동하는 날

너무 추운 날

비 오는 날

무더운 여름 날

물놀이 하는 날

결혼식

활동북 | 3

I. 의식주 생활 매너 - 옷 입기 매너 30p

Ⅰ. 의식주 생활 매너 – 생리 현상 매너 36p

짝을 맞춰보아요

하품이 나올 때, 코딱지를 판 후에 어떻게 해야 할까요?
올바른 생리 현상 처리법, 함께 짝을 맞춰보아요!
가위로 오려서 카드로 짝을 맞추어 보아도 됩니다.

준비물: 펜, 가위

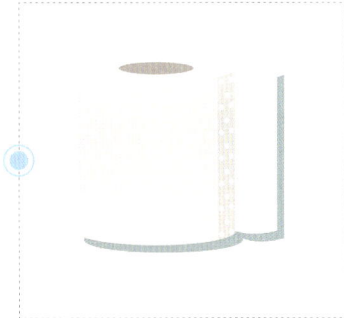

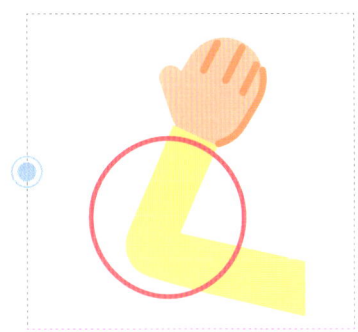

활동북 | 7

Ⅰ. 의식주 생활 매너 – 물 사용 매너 47p

물 아껴 쓰기 포스터 만들기

우리 집에서 물을 사용하는 장소에 물 아껴 쓰기 포스터를 만들어 붙여두세요.
먼저 흰 종이에 물을 절약하자는 문구를 넣고 아래 그림들을 오려서
포스터를 예쁘게 꾸며볼까요?

준비물: 흰 종이, 가위, 풀, 색연필, 사인펜

Ⅰ. 의식주 생활 매너 - 잠자리 매너 52p

잠자기 순서 정하기

코오~ 잘 시간이에요. 우리 자기 전에 해야 할 일이 있죠?
뒤 페이지의 잠자기 순서 카드를 오려서 아래 칸에 순서대로 붙여볼까요?

준비물: 가위, 풀

1	2
3	4
5	6

활동북 | 11

Ⅰ. 의식주 생활 매너 - 잠자리 매너 52p

Ⅰ. 의식주 생활 매너 – 식사 매너 65p

식사 매너 퀴즈

지금부터 재미있는 식사 매너 퀴즈를 풀어볼 거예요!
아래에 문제와 힌트 그림이 그려진 카드가 있죠? 카드를 보며 엄마아빠와 정답을 맞춰보세요.
글씨를 쓸 줄 아는 친구들은 카드 뒷면의 빈 공간에 직접 적어보는 것도 좋겠죠?
자, 그럼 맞춰볼까요?

*부모님은 본책 66-69p의 정답과 설명을 아이에게 알려주시면 됩니다.

준비물: 가위

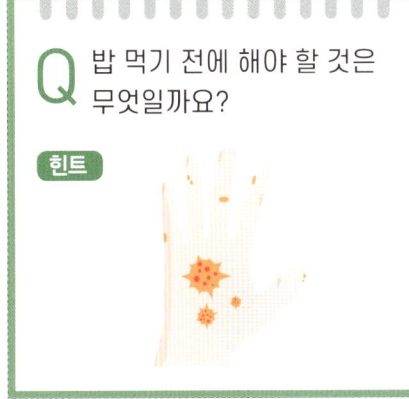

Q 밥 먹기 전에 해야 할 것은 무엇일까요?
힌트

Q 밥 먹기 전과 후에 해야 할 말은 무엇일까요?
힌트

Q 밥은 누가 가장 먼저 먹어야 할까요?
힌트

Q 밥 먹을 때는 어떤 자세로 먹어야 할까요? 그리고 그 이유는 무엇일까요?
힌트

활동북 | 15

I. 의식주 생활 매너 – 식사 매너 65p

Q 밥 먹을 때 절대 보여선 안 되는 것은 무엇일까요? 그 이유는 무엇일까요?

힌트

Q 밥은 정해진 시간 안에 먹어야 할까요, 늦게 먹어도 될까요?

힌트

Q 밥 먹을 때 좋아하는 음식만 먹고 싫어하는 음식은 안 먹으면 어떻게 될까요?

힌트

Q 다 먹은 그릇은 어떻게 해야 할까요?

힌트

Q 음식을 남기면 어떻게 될까요?

힌트

Ⅱ. 안전 매너 - 문 매너 1 72p

여러 가지 문 모양 카드

여러 가지 문 모양 카드가 있네요. 아래의 카드들을 오려보세요.

*부모님은 이 문 모양 카드를 보여주며 본책 74-75p의 생각 나누기를 진행하시면 됩니다.

준비물: 가위

여닫이문

미닫이문

회전문

자동문

II. 안전 매너 – 문 매너 2 72p

문의 종류에 따른 매너에는 어떤 것들이 있을까요?

문의 생김새가 다르듯, 각 문을 이용하는 매너도 모두 달라요.
아래 OX 퀴즈를 통해 확인해 봅시다!
책의 맨 뒤에 있는 OX 스티커를 활용해서 맞으면 O, 틀리면 X 스티커를 붙여 보세요.

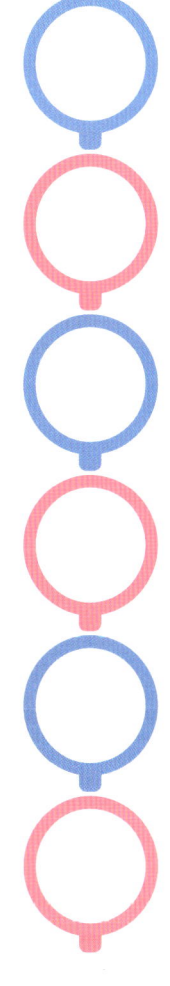

1 문을 열 때는 뒤에 사람이 오든지 신경 쓰지 말고
나만 나가면 문을 쾅 닫아버려요.

2 손이나 옷이 끼지 않도록
항상 조심해요.

3 창문이나 베란다 문 같은 미닫이문을 열고 닫을 땐
문을 살살 열고 닫아야 해요.

4 빙글빙글 회전문은 재미있으니까 안에 들어가서
문을 세게 밀면서 재미있게 놀아요.

5 자동문을 이용할 땐, 일부러 왔다 갔다 하며
장난치지 않아요.

6 앗, 엄마아빠 방문이 닫혀있네요.
엄마한테 할 말이 있으니까 문을 그냥 확 열어 버려요!

Ⅱ. 안전 매너 – 생활 안전 매너 78p

어떻게 해야 할까요?

친구들과 놀이터에서 놀 때, 학교에서 놀 때, 집에 있을 때도 지켜야 할 안전 매너가 참 많아요.
어떤 것들이 있는지 OX 퀴즈를 통해 확인해 볼까요?
책의 맨 뒤에 있는 OX 스티커를 활용해서 맞는 그림에 O, 틀린 그림에 X 스티커를 붙여 보세요.

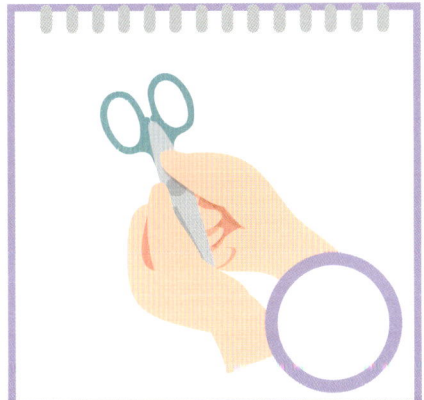
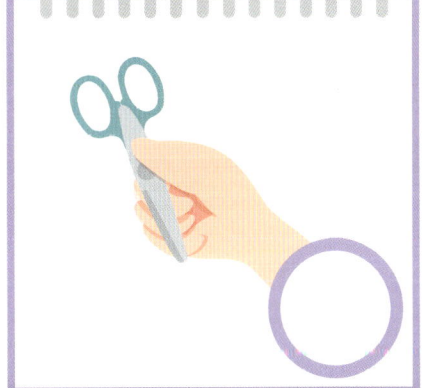

Ⅱ. 안전 매너 - 생활 안전 매너 78p

Ⅲ. 공공장소 매너   94p, 100p, 106p, 111p, 115p, 120p, 129p

공공장소 카드북

공공장소 매너를 공부할 때 활용할 수 있는 공공장소 카드북입니다.
지하철, 버스, 놀이공원, 식당 등 다양한 공공장소를 표현한 공공장소 카드와
그 각각의 공공장소에 맞는 매너가 적힌 공공장소 매너 카드가 있어요. 카드를 오려서
공공장소 카드와 공공장소 매너 카드를 올바르게 짝지어 보세요.

준비물: 가위

버스를 이용할 땐
음식을 먹지 않아요.

지하철을 탈 때는
문 양옆에 두 줄로
줄을 서서 기다려요.

놀이동산에서는
줄을 잘 서고,
새치기는 절대 하지 않아요.

III. 공공장소 매너   94p, 100p, 106p, 111p, 115p, 120p, 129p

쇼핑몰에 가면 필요한 것 외의 물건을 사달라고 떼쓰지 않아요.

화장실에서 나오기 전엔 꼭 손을 씻고 손 닦는 휴지는 한 장만 사용해요.

식당에서는 뛰어다니지 않고 자기 자리에 앉아 조용히 밥을 먹어요.

박물관에서 작품을 관람할 땐, 작품을 만지거나 사진 찍지 않아요.

Ⅲ. 공공장소 매너 - 쇼핑몰 매너 120p

쇼핑 리스트 만들기

쇼핑몰에 가는 건 정말 신나요!
하지만 쇼핑몰에 가기 전엔 반드시 얼마를 쓸지, 어떤 물건을 살지 정하고 가야 한답니다.
하단의 쇼핑 리스트에 정한 예산을 적고 사야할 물건의 그림을 오려서 붙여봅시다.
*책에 원하는 물건의 그림이 없다면, 신문이나 잡지를 활용하는 것도 좋습니다.

준비물: 가위, 풀

쇼핑 리스트 🛒

☐ _____ 예산 _____ 원
☐ _____ 예산 _____ 원
☐ _____ 예산 _____ 원
☐ _____ 예산 _____ 원
☐ _____ 예산 _____ 원
☐ _____ 예산 _____ 원
☐ _____ 예산 _____ 원

총 예산 _____ 원

Ⅲ. 공공장소 매너 - 쇼핑몰 매너 120p

사야할 물건의 그림을 오려서 붙여봐요~!

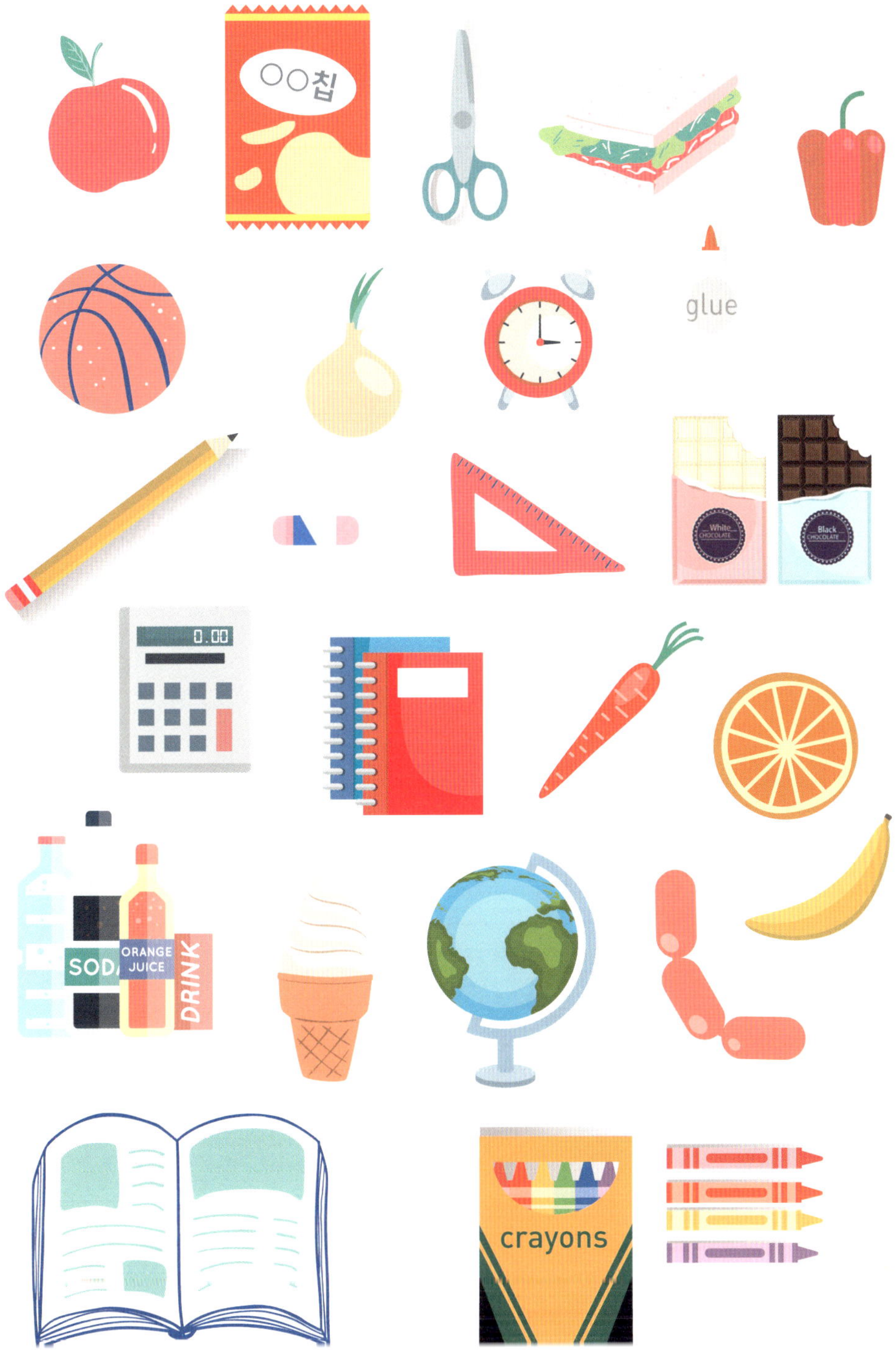
○○칩
glue
White
Black
0.00
SOD
ORANGE JUICE
DRINK
crayons

IV. 관계 매너 - 표정 매너 138p

표정 가면 만들기 키트
준비물: 가위, 색연필

하단에 아무 표정도 그려지지 않은 얼굴 모양이 여러 개 있어요. 얼굴 모양을 오린 후에 웃는 표정, 우는 표정, 화난 표정, 놀란 표정 등 다양한 표정을 그리고 엄마아빠와 이야기를 나누어 보세요.

손잡이로 사용하세요~

활동북 | 33

손잡이로 사용하세요~

Ⅳ. 관계 매너 - 표정 매너 138p

손잡이로 사용하세요~

IV. 관계 매너 – 전화 매너 144p

전화 매너 가이드북

전화를 걸 때는 어떤 순서로 말해야 할까요?
전화를 받을 때는 어떤 순서로 말해야 할까요?
하단의 전화기 모양 판에 말하는 순서대로 카드를 오려 붙여 봅시다.

준비물: 가위, 풀

전화를 걸 때는 어떤 순서로 말하나요?

Ⅳ. 관계 매너 - 전화 매너 144p

전화를 받을 때는 어떤 순서로 말하나요?

여보세요.

누구 바꿔 드릴까요?
잠시만 기다려주세요.

저는 ○○이 친구
○○○○이라고 합니다.
○○이랑 통화할 수
있을까요?

안녕하세요.

감사합니다.

여보세요,
거기 혹시
○○이네 집인가요?

Ⅳ. 관계 매너 – 화해 매너 155p

우정 나무 만들기

커다란 나무줄기와 나뭇가지, 나뭇잎, 열매 그림이 있어요.
나뭇잎과 열매에는 친구에게 잘못했던 일을 적고 사과, 화해 편지를 쓸 수 있는 칸이 마련되어 있습니다. 각각의 그림들을 오려서 줄기에 이어 붙여 하나의 나무로 만들고 친구와 다퉜을 땐, 서로 화해하는 나뭇잎(열매) 편지를 주고받아 나무에 채워보세요.
우정 나무가 쑥쑥 자랄수록 친구들과 사이는 더욱 좋아질 거예요.

준비물: 큰 종이, 가위, 풀, 필기도구

우정 나무 만드는 법

1. 종이를 준비한다.
2. 종이에 나무줄기를 그린다.
3. 나뭇가지와 나뭇잎, 열매를 그려서 가위로 오려 나무줄기에 이어 붙인다.
4. 친구와 다툴 때마다 화해 편지를 쓸 수 있는 나뭇잎, 열매에 편지를 써서 친구와 주고받고 받은 나뭇잎(열매)를 나무에 붙인다.
5. 우정 나무가 쑥쑥 자라며 친구와도 더욱 돈독해진다.

IV. 관계 매너 – 감정 표현 매너 **162p**

나의 마음 책 만들기

오늘 나의 마음은 무슨 색이었나요?
마음 책을 만들며 내 마음을 표현해 보세요.

준비물: 흰 종이, 가위, 풀, 색연필, 사인펜

마음 책 만드는 법

1. 흰 종이를 준비한다.
2. 종이를 오른쪽 그림을 참고하여 책 모양으로 접는다.
3. 완성된 종이 책에 내가 기쁜 순간, 슬픈 순간, 무서운 순간, 화가 나는 순간, 웃긴 순간, 힘든 순간을 각각의 페이지에 하나씩 적는다.
   예) 나는 맛있는 것을 먹을 때 기쁘고 행복해요. / 나는 엄마아빠한테 혼났을 때 슬퍼요.
4. 뒤 페이지의 얼굴 표정 그림을 그리거나 감정 표현 단어를 적어 책을 완성한다.(아래 참고)

감정 표현에 대한 표정 예시

< 기쁨 >   < 슬픔 >   < 놀람 >

< 화남 >   < 웃김 >   < 힘듦 >

접는선

접는선

자르는 선

Ⅳ. 관계 매너 – 시간 & 약속 매너 173p

놀이 약속 상자

놀이 약속 상자란, 놀이할 때 지켜야 할 약속들을 적어서 넣어 놓는 상자예요.
집에 있는 상자를 재활용해서 놀이 약속 상자로 정하고 놀이를 할 때마다 옆에 두고 안에 있는 놀이 약속 카드를 하나씩 꺼내어 보며 약속을 잘 지키고 있는지 체크하는 용도로 사용하시면 됩니다.
놀이 약속 카드는 이면지를 활용하여 아래 예시와 같은 아이들이 놀이할 때 지켜야 하는 약속을 적어서 상자에 넣어 사용하세요!

* 부모님이 놀이에 참여하여 약속을 잘 지키는지 함께 체크해주시면 좋습니다.

준비물: 집에 있는 안 쓰는 상자, 이면지, 펜

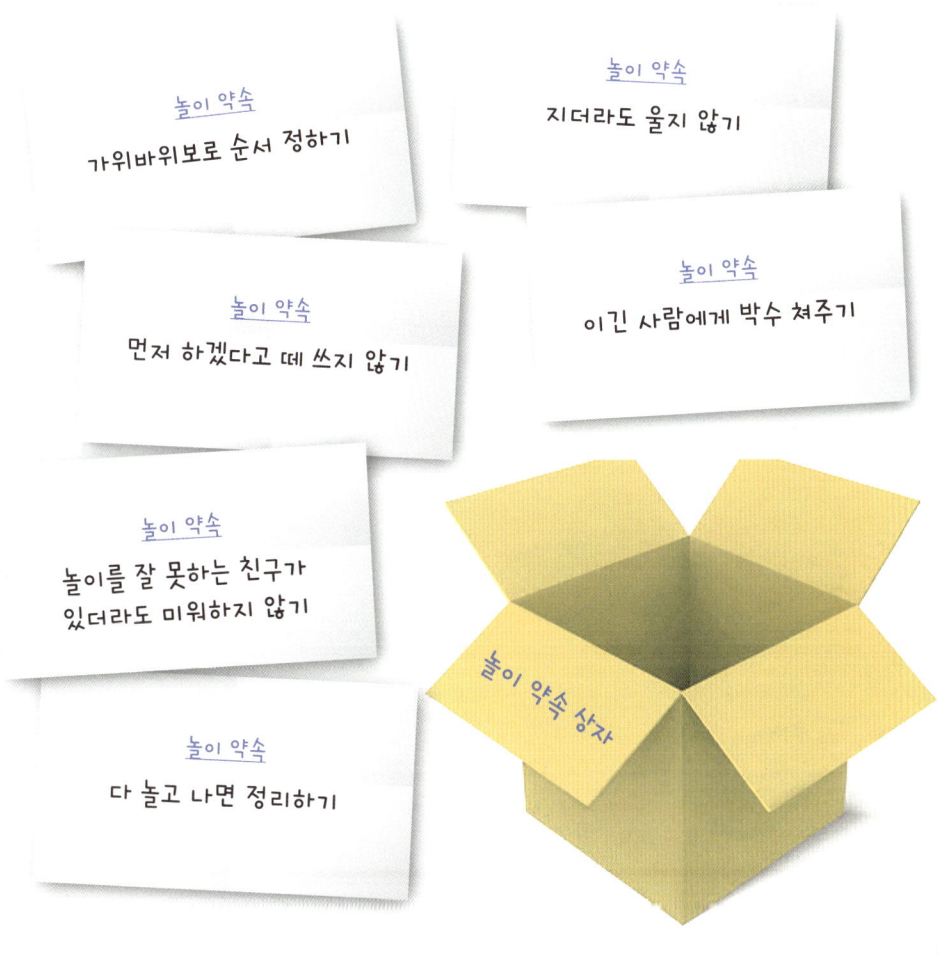

Ⅳ. 관계 매너 – 칭찬 & 감사 매너 167p

긍정의 말(칭찬, 감사) 확성기 만들기 키트

칭찬 릴레이 게임을 해볼 거예요. 하단의 활동지에 칭찬과 감사하는 말들을 적어보세요.
예를 들면 "엄마, 아빠 사랑해", "오늘따라 미소가 정말 예쁘다!", "감사합니다.", "고마워!"
같은 표현들이 있겠죠?
다 적었으면, 활동지를 확성기 모양으로 만들고 옆 사람에게 작은 목소리로
긍정의 말(칭찬, 감사)을 하며 순서대로 계속 이어가는 게임을 합니다.
부모님과 해도 좋고 친구들과 해도 좋아요. 상대방을 향한 칭찬을 계속 이어가며
말을 못 하거나 머뭇거리는 사람이 나오면 그 사람이 벌칙을 받는 것으로 게임을 마칩니다.
재밌겠죠?

준비물: 가위, 풀, 색연필, 사인펜

긍정의 말 (칭찬, 감사) 확성기 만드는 법

1. 활동지에 칭찬과 감사의 말을 가득 채운다.
   "엄마, 아빠 사랑해.", "친구야, 고마워!" 등
2. 활동지를 그어진 선대로 자르고 빗금친 부분에 풀칠을 한다.
3. 풀칠한 부분이 반대편 종이 뒤쪽에 붙도록 종이를 둥글게 말아 고정시킨다.
4. 말린 종이를 확성기처럼 옆 사람의 귀에 대고 말하며 칭찬 릴레이 게임을
   즐겁게 한다.

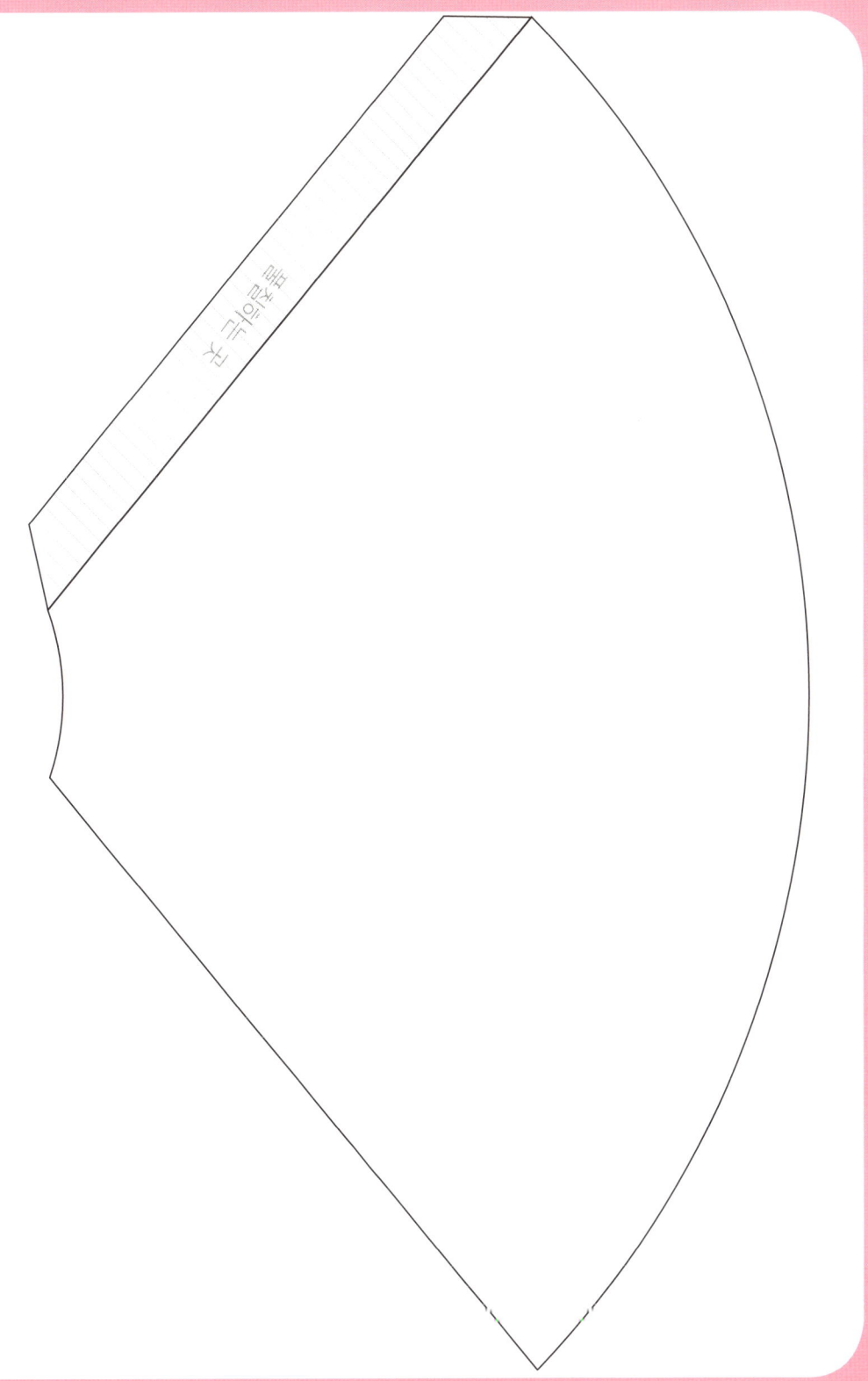

IV. 관계 매너 - 스포츠 매너 179p

페어플레이일까요, 아닐까요?

하단의 다양한 스포츠 장면들을 아이에게 보여주고 OX 퀴즈를 풀어 봅시다.
맨 뒤에 있는 OX스티커를 활용하여 정당하고 멋진 페어플레이를 하는 모습이라면 O,
반칙을 하는 올바르지 못한 플레이라면 X 스티커를 붙여주세요.

IV. 관계 매너 - 어린이 스피치 매너II 186p

여러 가지 동물 그림

귀엽고 멋진 동물 그림이 가득하죠?
좋아하는 동물의 그림을 따라 그리고 예쁘게 색칠해 보세요.
각 동물들은 어떤 특징을 가지고 있나요?
우리가 다르게 생기고 동물이 다 다른 것처럼 도두 다른 생각 주머니를 가지고 있어요!

준비물: 색연필, 사인펜

Ⅳ. 관계 매너 - 어린이 스피치 매너II 186p

Ⅳ. 관계 매너 - 파티 매너 195p

파티 준비 리스트 작성하기, 초대장 만들기

친구들과의 신나는 파티! 정말 기대되죠?
친구들을 초대하려면 준비해야할 것이 아주 많아요.
차근차근 적어볼까요?
준비 리스트를 다 작성한 후에는 친구들에게 나누어 줄 초대장도 함께 만들어 봐요.

준비물: 준비 리스트 적을 종이, 가위, 색연필, 사인펜, 필기도구

CHECK LIST

꾸미기 재료
☐ 풍선   ☐ 꽃   ☐ 가랜드
☐   ☐   ☐
☐   ☐   ☐

음식
☐ 과일   ☐ 피자   ☐ 과자
☐   ☐   ☐
☐   ☐   ☐

놀이
☐ 도미노   ☐ 퍼즐   ☐
☐   ☐   ☐